ADA

UNE INTRODUCTION

CHEZ LE MÊME ÉDITEUR

Dans la même collection
(Voir au dos de la couverture.)

Autres ouvrages :

ALGORITHMIQUE, par P. LIGNELET.
Tome 1. — Notions de base avec exercices et corrigés. 1981, 200 pages, 16 figures.
Tome 2. — Niveau avancé, avec exercices et corrigés. 1981, 296 pages.

PASCAL, par P. LIGNELET.
Tome 1. — Manuel de base avec exercices et corrigés. 1980, 280 pages.
Tome 2. — Techniques de programmation et concepts avancés, avec exercices et corrigés. 1980, 232 pages.

INFORMATIQUE — PROGRAMMATION. C.N.A.M. cours A, par F.H. RAYMOND. 1980, 252 pages.

PROGRAMMATION : OUTILS ALGÉBRIQUES, par F.H. RAYMOND, G. CÉSARONI. 1982, 422 pages.

MÉTHODE GÉNÉRALE D'ANALYSE D'UNE APPLICATION INFORMATIQUE, par X. CASTELLANI.
Tome 1. — Étapes et points fondamentaux de l'analyse de conception. 1980, 4e édition révisée et augmentée, 308 pages, 120 figures et tableaux.
Tome 2. — Étapes et points fondamentaux de l'analyse organique et de la programmation. 1981, 3e édition révisée et augmentée, 232 pages, 77 schémas et tableaux.

BASES DE DONNÉES. Conception, réalisation et implantation sur mini-ordinateurs, par J.-L. TOMAS. *Collection Méthode + programmes,* coordonnée par J.-F. PHÉLIZON. 1981, 160 pages.

ANALYSE FACTORIELLE. Programmation sur micro-ordinateurs, par T. FOUCART. *Collection Méthode + programmes,* coordonnée par J.-F. PHÉLIZON. 1982, 248 pages.

PROGRAMMATION CONVERSATIONNELLE BASIC. Analyse numérique, par R. LORTAL. 1982, 3e tirage, 128 pages, nombreuses figures, tableaux et schémas.

DICTIONNAIRE D'INFORMATIQUE. Bureautique, télématique. Anglais-Français, par M. GINGUAY. 6e édition entièrement refondue et augmentée, 1981, 248 pages.

DICTIONNAIRE D'INFORMATIQUE. Français-Anglais, par M. GINGUAY. 2e édition entièrement refondue et augmentée, 1981, 200 pages.

MANUELS INFORMATIQUES MASSON

ADA

UNE INTRODUCTION

H. LEDGARD

traduit de l'américain
par P. LIGNELET

MASSON
Paris New York Barcelone Milan
Mexico Rio de Janeiro
1982

L'édition originale de cet ouvrage
a été publiée sous le titre
Part I-ADA. An introduction
par Springer-Verlag

ISBN 2-225-77143-X
ISSN : 0249-6992

MASSON S.A.	120, bd Saint-Germain, 75280 Paris Cedex 06
MASSON PUBLISHING USA Inc.	133 East 58th Street, New York, N.Y. 10022
TORAY MASSON S.A.	Balmes 151, Barcelona 8
MASSON ITALIA EDITORI S.p.A.	Via Giovanni Pascoli 55, 20133, Milano
MASSON EDITORES	Dakota 383, Colonia Napoles, Mexico 18 DF
EDITORA MASSON DO BRASIL Ltda	Rua da Quitanda, 20/S. 301, Rio de Janeiro, R.J.

PRÉFACE DE L'AUTEUR

Si Charles Babbage peut être considéré comme le père de la technologie des ordinateurs des temps modernes, la comtesse Augusta Ada Lovelace, d'après laquelle le langage a été baptisé, doit être reconnue pour sa mère.

Fille du poète anglais Lord Byron, elle traduisit l'œuvre du mathématicien italien L.F. Menabrea, attachant ses propres commentaires scientifiques aux dissemblances entre la machine à différences et la machine analytique. Ce fut Lady Lovelace, la grande dame des ordinateurs, qui transmit les notes et les écrits épars de Babbage, y ajoutant l'inestimable contribution de ses propres amendements, à un monde qui n'était pas encore prêt à les recevoir.

Le projet du langage Ada a employé des centaines, voire des milliers de cerveaux, et une coquette somme d'argent, depuis son lancement. Ada fut développé par le Groupe de Travail pour un Langage de Haut Niveau, institué par le Département de la Défense américain, en janvier 1975, avec l'objectif d'ensemble d'élaborer une approche systématique pour améliorer l'utilisation du logiciel par les militaires.

Quel bizarre tuteur que le Pentagone pour un nouveau langage de programmation, est-on tenté de penser. La question qui vient naturellement à l'esprit est : pourquoi ? La réponse n'est pas des plus simples, mais un court aperçu du contexte peut aider à clarifier les choses.

Actuellement, le Département de la Défense est le plus gros consommateur de logiciel au monde ; il utilise à peu près 400 langages et dialectes différents. Une telle situation, aux dires de certains, est pour le moins confuse.

Cette masse de rhétorique, et plus de la moitié du coût de sa maintenance, découle des "systèmes d'ordinateurs intégrés" - systèmes qui font partie d'un dispositif électromécanique plus vaste. On en rencontre des exemples dans l'armement élaboré, l'aéronautique, la marine, l'exploration de l'espace, les réseaux de communication rapide, ou les systèmes de commutation de messages. Les résultats familiers en sont les signaux de commande et feuilles de données des ordinateurs. Un système d'ordinateurs intégré, c'est l'ordinateur à l'intérieur d'un dispositif, l'agent omniprésent derrière la scène par qui les choses arrivent.

Étant donné l'immensité et la diversité de cette machinerie, une panacée logique serait un langage de programmation universel. Le produit le plus visible du Groupe de Travail pour un Langage de Haut Niveau fut une série de rapports mettant en lumière les spécifications techniques préalables pour un tel langage. Chaque rapport rencontra un intérêt considérable, tant à l'intérieur qu'à l'extérieur du Département de la Défense. Toute l'affaire était méditée, reméditée, reméditée à nouveau, et finalement conduisait à une nouvelle édition. Ces écrits furent connus sous le nom d'Homme de Paille, Homme de Bois, Homme d'Etain, Homme de Fer, Homme de Fer Revu et, en fin de compte, Homme d'Acier.

Pendant ce processus, l'idée d'un langage de programmation commun faisait son chemin. Elle était ressentie non seulement comme un but souhaitable, mais encore réalisable. L'analyse technique, jointe à des pressions politiques de tous bords, éliminèrent l'idée d'adopter un langage existant. Ce ne fut qu'une question de temps avant que le Département de la Défense ne mette aux enchères la réalisation de cette tendance nouvelle.

Cela arriva au printemps de 1977. Quelques dix-sept organismes soumirent des propositions et, au bout de quelques mois, quatre d'entre elles furent choisies pour préparer un projet de base. Ainsi commença, dans toute l'histoire des langages de programmation, le premier concours de projet de langage.

Les quatre finalistes étaient Softech et Intermetrics, tous deux du Massachusetts, SRI International de Californie, et la compagnie américano-française CII Honeywell Bull. En mars 1978, les concurrents se réduisirent à Intermetrics et CII Honeywell Bull, les concepteurs français l'emportant finalement un an plus tard.

Sans aucun doute, le projet de norme d'Ada est complet. De nombreux facteurs y ont contribué. Les exigences formulées par le Département de la Défense demandaient un langage muni de types, de sous-programmes, de facilités d'entrées-sorties pour de nombreux périphériques, ainsi que du calcul parallèle, du traitement des anomalies, d'interfaces avec un matériel particulier, et de nombreux autres détails. De plus, des problèmes spécifiques, considérés comme primordiaux par les individus impliqués dans l'élaboration d'Ada, furent naturellement mis en avant, de même que les préoccupations de l'équipe de conception du langage dans son ensemble. La réunion de ces vues partielles nous a certainement fourni un langage complet.

Et de même est sa puissance. Il n'y a aucun doute, la capacité d'Ada à résoudre les problèmes est aussi riche que celle de tout autre langage de programmation.

Cet ouvrage est une introduction au langage de programmation Ada. Comme pour toute introduction, l'accent est mis sur les concepts qui forment les fondements du langage ; l'on n'a pas tenté de décrire la totalité du langage, ni de fournir un guide exhaustif pour l'écriture de programmes. Notre objectif est de faire passer l'essence du langage, surtout au travers d'exemples.

Nous supposons que le lecteur connaît quelque autre langage de haut niveau. Aucune autre connaissance particulière n'est requise.

Cette introduction est organisée en quatre niveaux successifs :

Chapitre I :

Ce chapitre initial donne une très brève esquisse de plusieurs notions fondamentales d'Ada. La discussion s'appuie sur cinq petits exemples de programmes.

Chapitre II à VI :

Ces chapitres fournissent une étude approfondie des notions introduites dans le chapitre I. En particulier, l'on y traite le concept de type, les instructions de base du langage, les sous-programmes, les logiciels, et la structure générale d'un programme.

Chapitre VII à XI :

Ces chapitres décrivent les notions nécessaires à de nombreuses applications importantes. En particulier, l'on y traite de quelques concepts avancés dans : les types, les facilités d'entrée-sortie, le calcul parallèle, le traitement des anomalies, et l'interface avec l'implémentation.

Chapitre XII :

L'on y présente quelques commentaires en guise de conclusion, en liaison avec un cas réel.

[--]¹

Bien que le projet Ada résulte de toute évidence des travaux d'un grand nombre de gens, quatre individualités émergent.

William A. Whitaker, le premier, attira l'attention du Département de la Défense sur la nécessité d'un langage de programmation commun, veillant sur l'existence de cette préoccupation durant sa période de gestation et, plus généralement, ravivant l'intérêt du gouvernement américain.

David Fisher favorisa l'essor du projet tant à l'intérieur qu'à l'extérieur du Département de la Défense, assura le suivi des cahiers des charges

---

(1) Le paragraphe omis concerne exclusivement l'édition américaine de cet ouvrage.

techniques, et fit preuve d'un intérêt soutenu pour le projet depuis ses débuts.

William E. Carlson, de l'Agence des Projets de Recherche Avancée de la Défense, travailla sous contrat sur le projet, prit un intérêt constant dans son développement, et coordonna les contributions de tous les participants.

Jean D. Ichbiah, principal concepteur du langage, consacra son énorme et, semble-t-il, inépuisable énergie à l'architecture d'Ada. Bien qu'il résulte de la collaboration de nombreuses personnes, le langage final est sien pour une large part.

Quant à l'introduction à Ada, objet de cet ouvrage, elle a reçu, au cours de son élaboration, l'aide considérable de Andrew Singer. Jean Ichbiah donna l'imprimatur au projet. John Hueras à contribué à la conception du programme de traitement de texte du Chapitre XII. Olivier Roubine fit de nombreuses remarques fort utiles. Bernd Krieg-Brückner, Philip Wetherall, et Jean-Claude Héliard contribuèrent aussi à la rédaction. Michael Marcotty adressa ses meta-commentaires ; et, finalement, Marvin Israel, des éditions Springer-Verlag, fournit tout au long d'excellents conseils.

Enfin, avec la publication de ce volume, nous saluons les contributions de la Comtesse et d'un grand nombre[1] à l'élaboration d'Ada.

Henry LEDGARD,
Février 1981.

(1) L'original comporte ici un jeu de mots, intraduisible en français, sur "Comtesse" (Countess) et "innombrable" (countless).

TABLE DES MATIÈRES

AVANT-PROPOS DU TRADUCTEUR

C'est une grande satisfaction que de savourer un nouvel ouvrage de H. LEDGARD, dont le nom est déjà familier au lecteur de langue française. Voici donc aujourd'hui ADA, présenté avec toutes les qualités de clarté que l'on reconnaît à l'auteur des "Proverbes de Programmation". Seule une grande modestie a pu empêcher H. Ledgard, dans la Préface que l'on vient de lire, de mentionner son propre nom parmi ceux des personnalités éminentes ayant activement participé à l'élaboration d'ADA. Si le projet est français, y ont cependant collaboré des spécialistes de nombreux pays. H. Ledgard fit partie de l'équipe de base d'une dizaine de personnes : qui donc, mieux que lui, pouvait nous parler d'Ada ?

Ce volume, comme le signale l'auteur dans un bref avant-propos à l'édition américaine de l'ouvrage, passe en revue la totalité du langage à l'exception de quelques spécifications concernant essentiellement les éléments les plus avancés, superflus dans un texte dont la vocation première est de guider le lecteur à travers les arcanes complexes de ce nouveau langage. Ainsi, les types tâches et les logiciels génériques n'y sont que mentionnés, et de nombreux détails concernant les entrées-sorties sont omis.

L'on a employé à cette traduction tout le soin que méritait un si excellent original. Puisse-t-elle s'en montrer digne, et conduire de nombreux lecteurs à connaître et apprécier un langage de programmation appelé à jouer un rôle plus grand, dans un proche avenir, que, par le passé, Cobol et Fortran IV réunis.

P. LIGNELET

1

CINQ EXEMPLES

Apprendre à communiquer en une langue nouvelle prend toujours l'allure d'un défi. Au début, il semble que tout est nouveau, et doit être assimilé avant de caresser l'espoir d'utiliser le langage. Puis, après une première expérience, il apparaît des points de ressemblance avec notre propre langage. Au bout d'un moment, nous réalisons que les deux langages ont de nombreuses racines communes.

Dans cette introduction à Ada, nous tirons parti de ses ressemblances avec des langages d'usage courant, et nous encourageons le lecteur à faire de même. Ce chapitre présente cinq petits programmes. Ces programmes donnent une esquisse des notions d'Ada communes à de nombreux autres langages de programmation de haut niveau, ainsi que des notions qui peuvent être nouvelles. Dans les cinq chapitres suivants, nous revenons sur ces notions, avec beaucoup plus de détails.

I — Conversion de températures

L'on écrit des programmes pour interpréter et transformer des données. En écrivant un programme, il faut décrire la nature des données et fournir les ordres pour mener les calculs sur les données.

L'exemple (I) illustre la structure d'un programme complet. Il présente l'allure suivante :

```
with SØR_ENT ;
procedure CØNVERSIØN_TEMPERATURE is
     -- déclarations
     -- décrivant les données
begin
     -- instructions
     -- décrivant les calculs
end ;
```

Noter que les mots-clefs procedure, is, begin et end forment la structure de la description d'un programme.

Le nom du programme est CØNVERSIØN_TEMPERATURE, et sa forme est celle d'une procédure. La procédure est l'une des formes d'une unité de programme. Le préfixe :

```
with SØR_ENT ;
```

est nécessaire parce que le programme va utiliser les procédures d'entrée-sortie GET et PUT, définies dans un logiciel en bibliothèque appelé SØR_ENT.

La partie déclarations de notre programme comprend une déclaration de variables :

```
TEMP_FAHRENHEIT , TEMP_CELSIUS : FLØAT ;
```

Cette déclaration indique que les deux variables utilisées dans le programme ont les propriétés des nombres en virgule flottante. En général, une déclaration associe un ou plusieurs identificateurs avec une entité. Dans le cas présent, les deux noms de variables sont des objets associés au type FLØAT. Ceci est caractéristique de tous les programmes : toute variable doit être déclarée et associée à un type donné.

La partie instructions de notre programme commence par un appel de sous-programme :

```
GET (TEMP_FAHRENHEIT) ;
```

Cette instruction appelle la procédure GET, définie dans le logiciel SØR_ENT, pour obtenir une valeur à partir de quelque périphérique d'entrée, et place la valeur dans la variable TEMP_FAHRENHEIT.

La deuxième instruction :

```
TEMP_CELSIUS := (5.0/9.0) * (TEMP_FAHRENHEIT-32.0) ;
```

affecte une valeur nouvellement calculée à la variable TEMP_CELSIUS. La dernière instruction :

```
PUT (TEMP_CELSIUS) ;
```

ressemble à la première, et appelle un sous-programme pour imprimer la valeur de la variable TEMP_CELSIUS. Noter que chaque instruction ou déclaration se termine par un point-virgule (;) .

```
with SØR_ENT ;
procedure CONVERSION_TEMPERATURE is
     use SØR_ENT ;
      -- Commentaire.
      -- Ce programme lit une valeur représentant
      -- une température Fahrenheit, et la convertit
      -- en une valeur représentant son équivalent Celsius.
     TEMP_FAHRENHEIT, TEMP_CELSIUS : FLØAT ;
begin
     GET (TEMP_FAHRENHEIT) ;
     TEMP_CELSIUS := (5.0/9.0) * (TEMP_FAHRENHEIT-32.0) ;
     PUT (TEMP_CELSIUS) ;
end ;
```

Exemple 1.1. : Conversion de températures.

Notre exemple contient aussi quatre lignes de commentaires. Tous les commentaires commencent par -- et se terminent à la fin de la ligne. Les commentaires peuvent normalement apparaître n'importe où dans une unité de programme.

Les procédures, telles que GET et PUT , qui sont fournies par un logiciel, peuvent être désignées par une notation pointée, par exemple :

SØR_ENT.GET et SØR_ENT.PUT ;

Ici, nous avons inséré une déclaration "use" :

```
use SØR_ENT ;
```

au début de la partie déclarative, ce qui permet d'utiliser directement les noms GET et PUT.

Notons, pour finir, que le logiciel SØR_ENT n'est pas défini dans la norme d'Ada. Ce logiciel, d'emploi fréquent dans cette introduction, contient de nombreuses procédures comprises dans les facilités d'entrée-sortie offertes par Ada ; il est traité au chapitre VIII.

II — La monnaie

Dans de nombreuses applications, il est nécessaire de grouper les données. Il est aussi nécessaire de diriger l'exécution pour effectuer certains calculs. Ces idées sont illustrées par l'exemple 1.2. Ce programme lit six nombres représentant de la monnaie américaine sous forme de nombres de centimes, "nickels" (cinq centimes), décimes, etc..., et calcule la valeur totale de cette monnaie.

```
with SØR_ENT ;
procedure MØNNAIE is
     use SØR_ENT ;
      -- Ce programme lit 6 valeurs entières représentant respectivement
      -- les nombres de centimes, nickels, décimes, quarts,
      -- demi-dollars et dollars en pièces.
      -- Le programme affiche la valeur totale des pièces en dollars
      -- et centimes.

     NB_PIECES,
     TØTAL_MØNNAIE ,
     NB_CENTS ,
     NB_DØLLARS : INTEGER ;
     VAL_PIECE : constant array (1..6) of INTEGER :=
                          (01,05,10,25,50,100) ;
begin
     TØTAL_MØNNAIE := 0 ;
     PUT_LINE ("DØNNER LE NØMBRE DE CHAQUE PIECE") ;
     for LA_PIECE in 1..6 loop
           GET (NB_PIECES) ;
           TØTAL_MØNNAIE := TØTAL_MØNNAIE + VAL_PIECE (LA_PIECE) * NB_PIECES ;
     end loop ;
     NB_DØLLARS := TØTAL_MØNNAIE/100 ;
     NB_CENTS := TØTAL_MØNNAIE rem 100 ;
     PUT ("CETTE MØNNAIE VAUT AU TØTAL $") ; PUT (NB_DØLLARS) ;
       if NB_CENTS < 10 then
           PUT (".0") ;
       else
           PUT (".") ;
       end if ;
       PUT (NB_CENTS) ;
```

```
end ;
```

Exemple 1.2. : La monnaie.

La partie déclarations de notre programme exemple introduit quatre variables de type entier (INTEGER). Le type prédéfini INTEGER est familier, et l'on peut réaliser les opérations habituelles sur les entiers.

Plus intéressante est la déclaration d'un tableau appelé VAL_PIECE . Le type de VAL_PIECE est indiqué par la déclaration de type :

```
array (1..6) of INTEGER ;
```

qui définit VAL_PIECE comme une collection de six éléments entiers. Ces éléments forment collectivement un tableau indicé par les entiers de 1 à 6 .

Le tableau est initialisé par les six valeurs entières :

```
(01,05,10,25,50,100)
```

Ces valeurs représentent respectivement les valeurs en centimes d'un centime, nickel, décime, quart, demi-dollar et dollar.

Le fait que VAL_PIECE soit indiqué comme constant signifie que les éléments du tableau conserveront toujours ces valeurs, comme il est indiqué ci-dessous :

Elément	Indice	Valeur de l'élément
VAL_PIECE (1)	1	1
VAL-PIECE (2)	2	5
VAL_PIECE (3)	3	10
VAL-PIECE (4)	4	25
VAL_PIECE (5)	5	50
VAL_PIECE (6)	6	100

La partie instructions du programme est semblable à celle du programme précédent, en dehors d'une boucle for...loop et d'une instruction if. La boucle "for" est de la forme :

```
for LA_PIECE in 1..6 loop
        instructions
end loop ;
```

La boucle "for" est commandée par l'indice de boucle LA_PIECE. L'en-tête de la boucle spécifie aussi que la boucle doit être exécutée pour les valeurs successives de LA_PIECE dans l'intervalle :

```
1..6
```

Ainsi, les instructions internes à la boucle sont exécutées six fois, et, à chaque itération, LA_PIECE reçoit l'une des valeurs entre 1 et 6.

L'instruction if est de la forme :

```
if NB_CENTS < 10 then
        instruction(s)
else
        instruction(s)
end if ;
```

Nous y voyons le choix d'une séquence parmi deux, selon la valeur d'une condition. Si la condition contrôlant la valeur de NB_CENTS est vraie, la première instruction est exécutée ; sinon, la seconde est exécutée. Ce choix permet, par exemple, d'imprimer un dollar et cinq centimes comme $1.05 , et non pas $1.5 où le zéro n'est pas imprimé.

Si l'on examine le programme plus en détail, on peut faire ressortir d'autres points. Considérons l'instruction :

```
TØTAL_MØNNAIE := TØTAL_MØNNAIE + VAL_PIECE (LA_PIECE) * NB_PIECES ;
```

Nous y constatons l'emploi de l'indice de boucle LA_PIECE , qui doit avoir une valeur de 1 à 6. Remarquer que l'indice de boucle ne figure pas dans la partie déclarations du programme. Cet indice de boucle est déclaré implicitement par son apparition dans une boucle "for" , et est de type INTEGER , avec une valeur de 1 à 6.

Pour finir, considérons les deux instructions :

```
NB_DØLLARS := TØTAL_MONNAIE / 100 ;
NB_CENTS := TØTAL_MØNNAIE rem 100 ;
```

Ici :

```
TØTAL_MØNNAIE / 100
```

donne la partie entière du quotient résultant de la division de TØTAL_MØNNAIE par 100 ; et :

```
TØTAL_MØNNAIE rem 100
```

donne le reste entier de cette division.

III — La monnaie, version améliorée

Un aspect fondamental de la programmation est l'utilisation de plusieurs sortes d'objets. Que ces objets soient des pièces, des numéros de pistes, ou des noms de personnes, il doivent être représentés avec les outils offerts par un langage de programmation donné.

Le précédent programme comptant la monnaie pose un certain nombre de problèmes. Les pièces, du centime au dollar, y sont représentées par les entiers 1 à 6. Conceptuellement, des pièces ne sont pas de simples nombres. De plus, le fait qu'un décime soit représenté par 3, nous permet même d'ajouter un décime à un décime, et d'obtenir 6 (un dollar).

Reprenons le programme calculant la monnaie, avec l'objectif d'illustrer le concept de type déclaré, ainsi que la plus grande lisibilité permise par les types.

Le second programme calculant la monnaie est donné dans l'exemple 1.3. Les différences essentielles par rapport à l'exemple précédent sont soulignées ci-après :

```
procédure MØNNAIE is

    ....

    type PIECE is (CENTIME, NICKEL, DECIME, QUART, DEMI_DØLLAR, DØLLAR) ;

    ....

    VAL_PIECE : constant array (CENTIME..DØLLAR) of INTEGER :=
                (CENTIME  ⇒ 01, NICKEL  ⇒ 05, DECIME  ⇒  10,
                 QUART    ⇒ 25, DEMI_DØLLAR ⇒ 50, DØLLAR ⇒  100) ;

    ....

begin

    ....

    for LA_PIECE in CENTIME..DØLLAR loop

        ....

    end loop ;

    ....

end ;
```

Nous y voyons l'utilisation d'un type appelé PIECE. Au contraire du type INTEGER, le type PIECE n'est pas prédéfini dans le langage. Il est introduit par la déclaration :

```
type PIECE is (CENTIME, NICKEL, DECIME, QUART, DEMI_DØLLAR, DØLLAR) ;
```

Cette déclaration définit PIECE comme un type ayant six valeurs, les identificateurs CENTIME à DØLLAR . Un tel type est appelé type énuméré.

Le type PIECE est utilisé plusieurs fois dans le programme ; la première fois, dans la déclaration de VAL-PIECE , dont le type est défini comme :

```
array(CENTIME..DØLLAR) of INTEGER
```

Cette définition est analogue à la définition précédente :

```
array (1..6) of INTEGER
```

avec la différence importante que les indices n'y sont plus les valeurs 1 à 6 du type INTEGER, mais les valeurs CENTIME à DØLLAR du type PIECE. Les éléments du vecteur, eux, restent de type entier.

L'initialisation du tableau VAL_PIECE tire profit du type PIECE en associant explicitement chaque pièce à sa valeur correspondante en centimes. Plus précisément, l'on a :

```
(CENTIME => 01, NICKEL => 05, DECIME => 10,
 QUART   => 25, DEMI_DØLLAR => 50, DØLLAR => 100)
```

```
with SØR_ENT ;
procedure MØNNAIE is
    use SØR_ENT ;
     -- Ce programme lit 6 valeurs entières représentant,
     -- respectivement, les nombres de centimes, nickels, décimes, quarts,
     -- demi-dollars, et dollars en pièces.
     -- Le programme affiche la valeur totale des pièces en dollars
     -- et centimes.
    type PIECE is (CENTIME, NICKEL, DECIME, QUART, DEMI_DØLLAR, DØLLAR) ;
    NB_PIECES,
    TØTAL_MØNNAIE,
    NB_CENTS,
    NB_DØLLARS : INTEGER ;
    VAL_PIECE : constant array (CENTIME..DØLLAR) of INTEGER :=
         (CENTIME =>  01, NICKEL =>  05, DECIME =>  10,
          QUART =>  25, DEMI_DØLLAR => 50, DØLLAR => 100) ;
begin
    TØTAL_MØNNAIE := 0 ;
    PUT_LINE ("DØNNER LE NØMBRE DE CHAQUE PIECE") ;
    for LA_PIECE in CENTIME..DØLLAR loop
         GET(NB_PIECES) ;
         TØTAL_MØNNAIE := TØTAL_MØNNAIE + VAL_PIECE (LA_PIECE) * NB_PIECES ;
    end loop ;
    NB_DØLLARS := TØTAL_MØNNAIE / 100 ;
    PUT ("CETTE MØNNAIE VAUT AU TØTAL $") ; PUT (NB_DØLLARS) ;
         if NB_CENTS < 10 then
            PUT (".0") ;
         else
            PUT (".") ;
         end if;
         PUT (NB_CENTS) ;
end ;
```

Exemple 1.3. : La monnaie, utilisant le type PIECE.

Cette liste des paires (indice, valeur) équivaut à la simple liste des valeurs :

(01, 05, 10, 25, 50, 100)

mais élimine toute nécessité d'interpréter les valeurs. Le tableau VAL_PIECE peut être décomposé comme suit :

Elément	Indice	Valeur de l'élément
VAL_PIECE(CENTIME)	CENTIME	1
VAL_PIECE(NICKEL)	NICKEL	5
VAL_PIECE(DECIME)	DECIME	10
VAL_PIECE(QUART)	QUART	25
VAL-PIECE(DEMI-DØLLAR)	DEMI_DØLLAR	50
VAL-PIECE(DØLLAR)	DØLLAR	100

Puis le type pièce est utilisé dans la boucle "for" :

```
for LA_PIECE in CENTIME..DØLLAR loop
    -- instructions
end loop ;
```

Les valeurs prises par LA_PIECE ne sont plus les entiers de l'intervalle :

1..6

mais l'énumération des valeurs de l'intervalle :

CENTIME..DØLLAR

du type PIECE. Ainsi, la boucle est toujours exécutée six fois mais, à chaque itération, LA_PIECE reçoit successivement l'une des valeurs CENTIME à DØLLAR du type PIECE. Comme précédemment, LA_PIECE est déclaré implicitement par son utilisation comme indice de boucle mais, maintenant, LA_PIECE ne peut prendre que des valeurs du type PIECE, et l'on ne peut effectuer de calculs arithmétiques sur les valeurs de ce type.

IV — Balistique

La décomposition de programmes en sous-programmes est une possibilité importante de tout langage de programmation. De plus, la possibilité de paramétrer un sous-programme permet au programmeur de résumer son comportement par ses entrées et ses sorties logiques.

Ces idées sont illustrées par le programme de l'exemple 1.4. Ce programme lit les composantes horizontale et verticale de la vitesse initiale d'un projectile ainsi que sa distance à une cible, mesurée horizontalement, et la hauteur de la cible. Le programme détermine si le projectile atteint la cible, en utilisant les lois simples de la phvsique.

```
with SØR_ENT ;
procedure BALISTIQUE is
    use SØR-ENT ;
     -- Ce programme lit quatre valeurs représentant, respectivement,
     -- les composantes horizontale et verticale de la vitesse initiale d'un
     -- projectile,
     -- sa distance à une citle, et la hauteur de la cible.
     -- Il imprime un message indiquant si le projectile atteindra
     -- la cible, ou non.
    G : constant FLØAT := 9.81 ; -- mètres par seconde par seconde
    X_VITESSE, Y_VITESSE,
    DISTANCE_CIBLE, HAUTEUR_CIBLE, ELEVATION : FLØAT ;
    procedure CALCUL_ELEVATIØN (V_X,V_Y, DISTANCE : in FLØAT ;
                                ELEVA : out FLØAT) is

         TEMPS : FLØAT;
    begin
         TEMPS := DISTANCE/V_X ;
         ELEVA := V_Y * TEMPS-(G/2.0) * (TEMPS ** 2) ;
    end ;
begin
PUT_LINE ("DONNER LES VITESSES HØRIZONTALE & VERTICALE, LA DISTANCE, ET LA HAUTEUR:");
    GET(X_VITESSE) ; GET(Y_VITESSE) ;
    GET(DISTANCE_CIBLE) ;
    GET(HAUTEUR_CIBLE) ;
    CALCUL_ELEVATIØN (X_VITESSE, Y_VITESSE, DISTANCE_CIBLE, ELEVATIØN) ;
    if  ELEVATIØN > 0.0 and  ELEVATIØN < HAUTEUR_CIBLE  then
         PUT ("TOUCHE") ;
```

```
        else
            PUT ("MANQUE") ;
        end if ;
    end ;
```

Exemple 1.4. : Balistique.

L'intérêt de cet exemple est centré sur le sous-programme CALCUL_ELEVATIØN, qui a l'allure suivante :

```
procédure CALCUL_ELEVATIØN (V_X, V_Y, DISTANCE : in FLØAT ;
                            ELEVA      : out FLØAT) is
          déclarations locales
begin
          instructions locales
end ;
```

Ce sous-programme a trois paramètres d'entrée et un paramètre de sortie, tous de type réel (FLØAT). A l'intérieur du sous-programme, les paramètres portent les noms V_X, V_Y, DISTANCE et ELEVA. Ces paramètres caractérisent le comportement du sous-programme. De façon interne, le sous-programme calcule une valeur pour ELEVA, fondée sur les trois données V_X, V_Y et DISTANCE.

Ce sous-programme est utilisé dans le programme principal, qui contient l'appel de sous-programme :

```
CALCUL_ELEVATIØN (X_VITESSE, Y_VITESSE, DISTANCE_CIBLE, ELEVATIØN) ;
```

En accord avec la définition du sous-programme CALCUL_ELEVATIØN, l'appel du sous-programme contient quatre arguments, tous de type FLØAT. Les trois premiers arguments fournissent les trois valeurs d'entrée à la procédure. Après l'appel, le quatrième argument ELEVATIØN recevra la valeur de sortie calculée pour le paramètre ELEVA.

L'exemple illustre aussi une autre idée de base. Des unités de programme (ici, des procédures) peuvent être emboîtées. Dans le cas présent, l'on a la structure :

```
procedure BALISTIQUE is
   ....
     procedure CALCUL_ELEVATIØN (paramètres) is
        ....
     end ;
   ....
end ;
```

Noter que l'unité de programme interne CALCUL_ELEVATIØN utilise la constante G de l'accélération de la pesanteur, déclarée dans l'unité externe. L'on voit ainsi le double rôle de l'imbrication. Une unité interne peut utiliser de l'information globale donnée par une unité englobante, et elle peut aussi contenir de l'information qui reste (et doit rester) entièrement interne.

V — Au golf

L'un des traits fondamentaux d'Ada est sa capacité à grouper des données, des types, et des sous-programmes dans une unité qui peut être utilisée dans d'autres programmes. Cette possibilité a reçu le nom bien naturel de logiciel (package).

Considérons le logiciel simple de l'exemple 1.5.a.Y sont définis cinq types de données, deux constantes, et une procédure, chacun relevant de l'application donnée. En particulier, la déclaration :

```
type NUMERØ_TRØU is range 1..18 ;
```

définit un type numérique dont les valeurs sont les entiers de l'intervalle 1 à 18.

```
package GØLF is
   type GØLF_CRØSSE is (DRIVER, FER, PUTTER, WEDGE, MASHIE) ;
   type GØLF_MARQUE is range 1..200 ;
   type NUMERØ_TRØU is range 1..18 ;
   type HANDICAP    is range 0..36 ;
   type MARQUE      is array (NUMERØ_TRØU)ØF GØLF_MARQUE ;
   PARCØURS_MØYEN   : constant GØLF_MARQUE := 72 ;
   VALEURS_MØYENNES : constant MARQUE :=
                      (1 => 5,2 => 3,3 => 4,4 => 4,5 => 3,6 => 4,
                       7 => 5,8 => 4,9 => 4,10 => 3,11 => 4,12 => 4,
                       13 => 4,14 => 5,15 => 3,16 => 4,17 => 4,18 => 5) ;
```

```
    procedure CALCUL_TØTAL (MARQUES : in MARQUE ; TOTAL : out GØLF_MARQUE);
end ;
package body GØLF is
    procedure CALCUL_TØTAL (MARQUES : MARQUE ; TØTAL : out GØLF_MARQUE) is
    begin
        TØTAL := 0 ;
        for TRØU in NUMERØ_TRØU loop
            TØTAL:= TØTAL + MARQUES (TRØU) ;
        end loop ;
    end ;
end ;
```

Exemple 1.5.a. : Un logiciel « golf ».

Remarquer aussi l'en-tête de la procédure:

```
procedure CALCUL_TØTAL (MARQUES : in MARQUE ; TØTAL : out GØLF_MARQUE) ;
```

Comme la déclaration du type NUMERØ_TRØU ou de la constante PARCOURS_MØYEN, l'en-tête de la procedure déclare une procédure appelée CALCUL_TØTAL.

Tous les éléments ainsi déclarés sont regroupés de la façon suivante :

```
package GØLF is
  -- déclarations
end ;
```

Ces déclarations sont appelées la partie visible du logiciel.

```
with GØLF, SØR_ENT ;
procedure RESULTATS is
    use GØLF, SØR_ENT ;
    -- Ce programme lit les marques obtenues au golf pour chacun des 18 trous.
    -- Il calcule la marque totale, et la différence en plus ou en moins
    -- par rapport à la moyenne.
    MES_MARQUES : MARQUE ;
    MARQUE_TØTALE : GØLF_MARQUE ;
```

```
begin
    PUT("DØNNER LES RESULTATS PØUR CHAQUE TRØU") ;
    for TRØU in NUMERØ_TRØU loop
        NEW_LINE ;
        PUT (TRØU) ; PUT("=") ;
        GET (MES_MARQUES(TRØU)) ;
    end loop ;
    CALCUL_TØTAL(MES_MARQUES, MARQUE_TØTALE) ;
    NEW_LINE ;
    if MARQUE_TØTALE < PARCØURS_MØYEN then
       PUT(PARCØURS_MØYEN-MARQUE_TØTALE) ;
       PUT(" AU DESSØUS DE LA MOYENNE") ;
    elsif MARQUE_TØTALE = PARCØURS_MØYEN then
       PUT("PARCØURS MØYEN") ;
    else
       PUT(MARQUE_TØTALE-PARCØURS_MØYEN) ;
       PUT("AU-DESSUS DE LA MØYENNE") ;
    end if ;
end ;
```

Exemple 1.5.b. : Utilisation du logiciel de golf.

Pour compléter la définition du logiciel, les calculs effectués par la procedure CALCUL_TØTAL doivent être définis. C'est l'objet du corps du logiciel (package body), qui est de la forme :

```
package body GØLF is
   --  définition de la procédure CALCUL-TØTAL
end ;
```

Maintenant, la procédure est complètement définie. La partie visible et le corps du logiciel peuvent être compilés séparément.

Le logiciel GØLF peut être utilisé dans une autre unité de programme, comme le montre l'exemple 1.5.b. Cette unité de programme est de la forme :

```
with GØLF, SØR_ENT ;
procedure RESULTATS is
  --   déclarations locales
begin
  --   instructions
end ;
```

Elle utilise quelques-uns des éléments spécifiés dans la partie visible du logiciel GØLF. Remarquer, par exemple, la déclaration :

```
MES_MARQUES : MARQUE ;
```

qui définit un tableau appelé MES_MARQUES dont le type, MARQUE, est déclaré dans la partie visible du logiciel. Remarquer aussi l'appel :

```
CALCUL_TØTAL (MES_MARQUES, MARQUE_TØTALE) ;
```

à la procédure CALCUL_TØTAL déclarée dans la partie visible du logiciel.

L'exemple 1.5. fait ressortir de nombreux points généraux sur l'utilisation des logiciels. D'abord, un logiciel se compose généralement de deux parties : la partie visible, qui spécifie les éléments pouvant être utilisés par d'autres unités de programmes; et le corps du logiciel, qui complète la définition des éléments de la partie visible. Le corps du logiciel disparaît si la partie visible est autonome.

En second lieu, un logiciel peut être compilé séparément. Toute autre unité de programme utilisant le logiciel doit nommer ce logiciel dans une clause "with" au début de l'unité de programme.

Enfin, une clause "use", de la forme :

```
use nom-du-logiciel ;
```

permet d'utiliser directement les éléments de la partie visible dans l'unité de programme contenant la clause "use".

Les logiciels sont une nouveauté introduite par ADA ; ils seront traités plus en détail ultérieurement. Ils forment néanmoins un puissant outil d'élaboration de programmes, permettant de regrouper un ensemble d'informations liées, et de les rendre disponibles sélectivement à des utilisateurs. Comme pour les sous-programmes, seule leur interface publique est dévoilée à l'utilisateur.

2

DESCRIPTION DES DONNÉES

Dans toute application, il peut y avoir un grand nombre d'objets, tous munis de propriétés différentes. Pour bien résoudre un problème, il faut décrire les objets du monde réel et leurs propriétés à l'aide des outils fournis par un langage de programmation donné. De plus, il faut non seulement choisir une description appropriée pour chaque entité, mais encore être sûr que toute opération valide dans un programme a un sens pour les objets et les opérations du monde réel.

Par exemple, on peut effectuer un calcul arithmétique classique sur une donnée numérique mais, si l'on peut décrire une date comme un entier et donc soustraire deux dates pour obtenir un intervalle de temps, cela n'a aucun sens de prendre la racine carrée d'une date ou de multiplier une date par une vitesse.

On voit ainsi deux aspects cruciaux de la programmation :

. la nécessité de décrire les objets et leurs propriétés avec précision et clarté ;
. la nécessité de garantir que les opérations sur les objets respectent leurs propriétés intrinsèques.

Ceci nous conduit au concept de type.

I — Les types

Commençons par deux exemples :

```
type JØUR is (LUN, MAR, MER, JEU, VEN, SAM, DIM) ;
type PIECE is (CENTIME, NICKEL, DECIME, QUART, DEMI_DØLLAR, DØLLAR) ;
```

La première déclaration définit un type appelé JØUR, la seconde un type appelé PIECE. De même que l'on peut écrire :

```
CØMPTEUR : INTEGER ;
```

pour déclarer une variable CØMPTEUR de type INTEGER, l'on peut écrire :

```
AJD_HUI : JØUR ;
```

pour déclarer une variable AJD_HUI du type JØUR. De même qu'une variable de type INTEGER peut prendre des valeurs entières, une variable de type JØUR peut prendre n'importe laquelle des sept valeurs LUN à DIM. C'est en ce sens que l'on peut dire qu'un type décrit un ensemble de valeurs.

Les deux types définis ci-dessus sont appelés types énumérés. Pour un type énuméré, la déclaration du type énumère explicitement l'ensemble de ses valeurs.

L'une des propriétés de tout type énuméré est que ses valeurs sont ordonnées. En particulier, les valeurs sont supposées être énumérées en ordre croissant. Pour le type JØUR, la première valeur est LUN, la dernière DIM.

Pour tout type, il y a des opérations valides sur ses valeurs. Pour les types énumérés, il y a en particulier les opérateurs de relation pour comparer des valeurs du type. Ainsi, si la variable AJD_HUI a la valeur MER, l'on peut trouver les expressions suivantes :

```
AJD_HUI = LUN  -- contrôle d'égalité, la valeur est FALSE (faux)
AJD_HUI  <= VEN  -- contrôle de non supériorité, la valeur est TRUE (vrai)
```

Les exemples ci-dessus illustrent une idée de base : le programmeur peut définir un type pour décrire un ensemble de valeurs nécessaires à une application.

Les types définis par le programmeur sont introduits par une déclaration de type de la forme :

```
type identificateur is définition-du-type ;
```

L'identificateur donne un nom au type. La définition du type indique l'ensemble de ses valeurs et, implicitement, les opérations définissant la manière d'utiliser ces valeurs. Il est important de noter que chaque définition de type introduit un type distinct.

Cette discussion présente à l'esprit, l'on peut donner la définition de base d'un type :

. Un type caractérise un ensemble de valeurs, et un ensemble d'opérations applicables à ces valeurs.

Dans un programme, toute variable possède un type. Ce type est indiqué lors de la déclaration de la variable.

L'un des aspects-clefs de la programmation est la sécurité avec laquelle l'on peut tirer des conclusions au sujet d'un programme. Considérons les déclarations suivantes :

```
AJD_HUI : JØUR ;
NØUV_PIECE : PIECE ;
CØMPTEUR : INTEGER ;
```

Les instructions suivantes ont un sens :

```
AJD_HUI := MER ;
NØUV_PIECE := DECIME ;
CØMPTEUR := 1 + CØMPTEUR ;
```

mais les suivantes n'en ont point :

```
AJD_HUI := DECIME ;  -- DECIME n'est pas un jour
NØUV_PIECE := MER ;  -- MER n'est pas une pièce ;
AJD_HUI := 1 + AJD_HUI ;  -- l'addition est invalide pour les jours
```

Ceci nous conduit à deux règles de base quant à l'utilisation des types.

1) Une variable ne peut pas recevoir une valeur d'un type différent.
2) Les seules opérations permises sur une valeur sont celles qui sont associées à la définition de son type.

L'observation de ces règles est strictement contrôlée par le compilateur du langage, et toute erreur de type est signalée à la compilation. L'on peut alors tirer une conclusion fondamentale garantie par l'utilisation des types :

. Les propriétés d'un type, déclarées par le programmeur, seront respectées pendant l'exécution du programme.

Une fois le type d'une variable déclaré, le programmeur peut se référer à certaines propriétés de ce type en utilisant la notation des attributs prédéfinis. Un attribut prédéfini est de la forme :

nom'identificateur-d-attribut

Ainsi, pour nos types énumérés, l'on peut se référer à la première ou à la dernière valeur du type JØUR, grâce aux attributs :

```
JØUR'FIRST   -- la première valeur du type JØUR
JØUR'LAST    -- la dernière valeur du type JØUR
```

En outre, les fonctions permettant de calculer les prochaines et précédentes valeurs du type énuméré JØUR sont notées par les attributs fonctionnels SUCC (pour le successeur) et PRED (pour le prédécesseur) :

```
JØUR'SUCC(MAR) = MER
JØUR'PRED(MAR) = LUN
```

Rechercher le successeur de DIM ou le prédécesseur de LUN provoque une erreur, ce qui est bien regrettable pour les jours de la semaine.

Ainsi qu'il a été mentionné auparavant un type énuméré se définit par l'énumération de ses valeurs. De tels types peuvent être utilisés aussi librement que les entiers, et souvent avec une grande clarté. Par exemple, l'on peut déclarer une table détaillant les nombres d'heures ouvrées de chaque jour de la semaine :

```
HEURES_ØUVREES : array (LUN..DIM) of INTEGER ;
```

ou, de façon équivalente :

```
HEURES_ØUVREES : array (JØUR'FIRST..JØUR'LAST) of INTEGER ;
```

ou encore :

```
HEURES_ØUVREES : array(JØUR) of INTEGER ;
```

L'on peut aussi écrire une boucle parcourant les jours de la semaine :

```
for CE_JØUR in LUN..DIM loop
     -- actions pour chaque valeur de CE_JØUR
end loop ;
```

ou, de manière équivalente :

```
for CE_JØUR in JØUR'FIRST..JØUR'LAST loop
     --  actions pour chaque valeur de CE_JØUR
end loop ;
```

L'on peut apprécier la clarté des boucles ci-dessus par rapport à :

```
for INDICE_JØUR in 1..7 loop
     --  actions pour chaque valeur de INDICE_JØUR
end loop ;
```

La table 2.1 définit un certain nombre de types énumérés. L'emploi de tels types peut ajouter au caractère expressif d'un programme.

Table 2.1.

Un échantillon de types énumérés.

```
type JØUR is (LUN, MAR, MER, JEU, VEN, SAM, DIM) ;
type PIECE is (CENTIME, NICKEL, DECIME, QUART, DEMI_DØLLAR, DØLLAR ) ;
type DIRECTIØN is (NØRD, EST, SUD, ØUEST) ;
type CØDE_ØP is (ADD, SUB,MUL, LDA, STA, STZ) ;
type DEMI_JØURNEE is (MATIN, SØIR)
type ETAT_FICHIER is (ØUVERT, FERME) ;
type C_E_E is (D, B, F, I, L, NL, DK, GB, EIR, GR) ;
type CARAC_CØMMANDE is (NUL, EØT, ENQ, BEL, BS, LF, CAN, ESC) ;
type ETAT_PLUME is (BAISSEE, LEVEE) ;
type FØRME is (TRIANGLE, RECTANGLE, PENTAGØNE, HEXAGØNE) ;
type LETTRE is ('A', 'B', 'C', 'D', 'E', 'F', 'G', 'H', 'I','J', 'K', 'L', 'M', 'N',
                'O', 'P', 'Q', 'R', 'S', 'T', 'U', 'V', 'W', 'X', 'Y', 'Z') ;
type LETTRE_HEXA is ('A', 'B', 'C', 'D', 'E', 'F') ;
```

II — Les types scalaires prédéfinis

Dans tout langage, il y a des types d'un usage si courant qu'ils sont définis dans le langage lui-même : ce sont les types prédéfinis. Ces types de base sont non seulement utiles par eux-mêmes, mais peuvent encore servir à définir d'autres types plus élaborés requis par une application.

Le plus simple des types prédéfinis est sans doute le type appelé BØØLEAN. Ce type contient l'idée du vrai et du faux. C'est en fait un type énuméré prédéfini, correspondant à la déclaration :

```
type BØØLEAN is (FALSE, TRUE) ;
```

En plus des propriétés communes à tous les types énumérés, plusieurs opérations logiques sont définies pour les valeurs booléiennes ; elles se notent par les opérateurs :

```
and  -- produit logique, par exemple (TRUE and FALSE) = FALSE
or   -- somme logique, par exemple   (TRUE or FALSE) = TRUE
not  -- négation logique, par exemple (not TRUE) = FALSE
```

Un autre type prédéfini important est le type énuméré appelé CHARACTER. Les caractères sont utilisés pour construire des messages ou des textes. Les caractères autorisés, et leur ordre, sont ceux du jeu de caractère ASCII. Une constante littérale de type caractère est encadrée par des apostrophes. Attention ! les chaînes de caractères, elles, sont encadrées par des guillemets. Exemple :

```
'A'  -- le caractère A
"A"  -- la chaîne A, de longueur unité
```

Aucun langage ne serait très utile s'il n'autorisait les calculs arithmétiques. Le type arithmétique le plus familier est le type appelé INTEGER utilisé pour les calculs exacts. Ce type correspond à un sous-ensemble fini des nombres entiers relatifs. L'intervalle des valeurs entières est implicitement limité par la représentation adoptée par chaque implémentation. Les opérations sur ce type sont familières, et comprennent les opérateurs arithmétiques :

```
+   -- addition
-   -- soustraction
*   -- multiplication
/   -- division
```

ainsi que les opérateurs de comparaison :

```
<   -- plus petit que
<=  -- inférieur ou égal à
=   -- égal à
/=  -- différent de
>=  -- supérieur ou égal à
>   -- supérieur à
```

Les opérations de comparaison donnent toutes un résultat de type BØØLEAN.

Les types arithmétiques comprennent aussi les types réels. Les types réels fournissent des approximations des nombres réels. Avec un type réel en virgule fixe, la précision du type est indiquée par la donnée d'une borne supérieure de l'erreur absolue. Avec un type réel en virgule flottante, la précision du type est indiquée par la donnée d'une borne supérieure de l'erreur relative. Considérons les déclarations suivantes :

```
type VØLTAGE is delta 0.1 range 0.0 .. 10.0 ;  -- type en virgule fixe
type PØIDS is digits 10 ;                      -- type en virgule flottante
```

Le type VØLTAGE définit un ensemble de nombres en virgule fixe, dont les valeurs ont une précision d'au moins 0,1. Le type PØIDS définit un ensemble de nombres en virgule flottante dont les valeurs ont une précision d'au moins 10 chiffres. Comme pour les entiers, les opérateurs arithmétiques et de comparaison sont définis pour les types réels.

En principe, chaque implémentation aura un ou plusieurs types réels prédéfinis, par exemple les types appelés FLØAT, LØNG_FLØAT, etc... Ces types correspondront normalement à l'arithmétique dont dispose le matériel.

ADA, possède l'intéressante particularité de permettre l'intervention de blancs soulignés dans l'écriture des nombres. Ainsi les nombres :

1000000
1220257118

pouvant représenter respectivement une somme d'argent et un numéro de sécurité sociale, peuvent aussi s'écrire sous la forme :

1–000–000
1–22–02–57–118

Avant de quitter les types prédéfinis, mettons l'accent sur deux points fondamentaux. Les types BØØLEAN et CHARACTER, ainsi que les types arithmétiques et les types énumérés définis par le programmeur, représentent tous une unité conceptuelle pour décrire un ensemble de valeurs. De plus, les propriétés des types déclarées par le programmeur restent invariantes pendant l'exécution du programme. Ceci assure, par exemple, qu'une variable entière a toujours une valeur entière, et que l'on ne peut par inadvertance ajouter un caractère à un nombre réel ou comparer un jour de la semaine à un entier.

III — Les tableaux

L'on doit pouvoir représenter des objets comme un répertoire de codes géographiques, un paquet de cartes, ou une ligne de caractères. Ces objets diffèrent de ceux qui ont été décrits antérieurement dans ce chapitre de par leur structure. En particulier, ils ont des composantes qui sont en relation les unes avec les autres.

Les plus familiers de ces objets, en programmation, sont sans doute les tableaux. Un tableau (array) est une collection d'éléments de même type. Sous sa forme la plus simple, un tableau est la description d'une table. Considérons la table suivante, qui donne le nombre d'heures ouvrées pour chaque jour de la semaine :

Jour	Heures ouvrées
Lundi	8
Mardi	8
Mercredi	8
Jeudi	10
Vendredi	8
Samedi	0
Dimanche	0

Etant donné le type énuméré JØUR précédemment déclaré, cette table peut se déclarer par :

```
HEURES_ØUVREES : array (JØUR'FIRST..JØUR'LAST) of INTEGER ;
```

Comme pour les types énumérés, une définition de type tableau peut recevoir un nom dans une déclaration "type" , et ce nom peut-être utilisé pour définir des variables-tableaux. Ainsi, l'on peut trouver :

```
type TRAVAIL is array (JØUR'FIRST..JØUR'LAST) of INTEGER ;
HEURES_ØUVREES : TRAVAIL ;
```

Tout tableau possède la propriété intrinsèque d'avoir des indices. Les indices permis sont indiqués par la donnée d'un intervalle discret de valeurs. Par exemple, l'on peut écrire les définitions de types tableaux :

```
array (JØUR'FIRST..JØUR'LAST) of INTEGER
array (LUN..DIM) of INTEGER
array (JØUR) of INTEGER
```

Toutes ces définitions sont équivalentes. Les indices sont les valeurs LUN à DIM du type JØUR. Quel que soit le tableau A, la borne inférieure de son premier indice s'obtient par l'attribut A'FIRST, et la borne supérieure par A'LAST.

L'indexation est une opération de base sur les tableaux. Elle permet d'accéder aux composantes, de les modifier. Par exemple, avec les déclarations :

```
I : INTEGER ;
A : array(1..10) of INTEGER ;
AJD_HUI : JØUR ;
HEURES_ØUVREES : array (JØUR) of INTEGER ;
```

et les affectations :

```
I :=1 ;
AJD_HUI := LUN ;
```

l'on peut modifier les premiers éléments de A et de HEURES_ØUVREES par :

```
A(I) := A(I) + 1 ;
HEURES_ØUVREES(AJD_HUI) := HEURES_ØUVREES(AJD_HUI) + 1 ;
```

En plus de l'indexation, l'affectation et le contrôle d'égalité sont définis sur la totalité d'un tableau. La valeur globale d'un tableau peut se représenter par le nom du tableau. On peut aussi le construire par la donnée d'un agrégat. Un agrégat est la liste des valeurs de tous les éléments. Ces valeurs peuvent être fournies par ordre (selon leur rang), ou en associant chaque valeur à l'indice correspondant.

Par exemple, chacune des affectations suivantes donne à HEURES_ØUVREES l'ensemble des valeurs indiquées dans la table précédente :

```
HEURES_ØUVREES := (8, 8, 8, 10, 8, 0, 0) ;
HEURES_ØUVREES := (LUN ⇒ 8, MAR ⇒ 8, MER ⇒ 8, JEU ⇒ 10, VEN ⇒ 8, SAM ⇒ 0, DIM ⇒ 0) ;
HEURES_ØUVREES := (LUN|MAR|MER|VEN ⇒ 8, JEU ⇒ 10, SAM|DIM ⇒ 0) ;
```

Noter que, lorsque les indices sont donnés explicitement, les valeurs des éléments peuvent être listées dans un ordre quelconque. Noter aussi que l'affectation à un tableau exige que le nombre d'éléments affectés soit identique au nombre d'éléments déclaré pour la variable-tableau.

Les agrégats peuvent encore être écrits sous plusieurs autres formes particulièrement utiles pour les grands tableaux. Par exemple, pour un tableau :

```
B : array (1..100) of INTEGER ;
```

l'agrégat :

```
(1..100 => 0)
```

représente une valeur de tableau dont tous les éléments sont nuls. Si les quatre premiers éléments sont 1, le reste étant nul, on peut utiliser l'agrégat :

```
(1 => 1,2 => 1,3 => 1,4 => 1,5..100 => 0)
```

ou bien :

```
(1..4 => 1,5..100 => 0)
```

ou encore :

```
(1..4 => 1, others => 0)
```

Ici, la notation <u>others</u> désigne toutes les autres valeurs.

Si l'on peut opérer sur un tableau entier, on peut aussi le découper en tranches. Une <u>tranche</u> de tableau est une suite contigüe d'éléments d'un tableau à une dimension. Par exemple, les dix premiers éléments du tableau B ci-dessus peuvent être désignés par la notation :

```
B(1..10)
```

Ces dix éléments peuvent recevoir les valeurs des dix derniers par l'affectation :

```
B(1..10) := B(91..100) ;
```

Tableaux à intervalles d'indices indéfinis

Considérons le problème d'écrire une procédure pour calculer la valeur maximale de tout tableau à éléments entiers, quel que soit leur nombre. C'est un problème typique de cas où l'on veut définir une opération de tableaux pour laquelle l'intervalle des indices n'est pas spécifié.

Le problème de manipuler un tableau de taille quelconque se résoud en donnant le type des indices, sans spécifier leur intervalle. Un tel tableau est appelé sans contrainte. Toute variable de ce type doit alors être déclarée avec son propre intervalle d'indices.

Soient, par exemple, les déclarations suivantes :

```
NB_CANDIDATS : constant INTEGER := 20 ;
NB_EMPLØYES : constant INTEGER := 1000 ;
NØTE_MAXI, SALAIRE_MAXI : INTEGER ;
type TØUT_TABLEAU_ENTIER is array (INTEGER range < >) of INTEGER ;
TABLE_NØTES : TØUT_TABLEAU_ENTIER (1..NB_CANDIDATS) ;
TABLE_SALAIRES : TØUT_TABLEAU_ENTIER (1..NB_EMPLØYES) ;
```

Ici, le type TØUT_TABLEAU_ENTIER définit une classe de tableaux à éléments entiers et indices entiers. Le symbole < > (caractères < suivi de >) indique que l'intervalle des indices n'est pas spécifié. Les variables TABLE_NØTES et TABLE_SALAIRES sont toutes deux de ce type, mais comportent un intervalle d'indices spécifique.

L'on est en mesure, maintenant, d'écrire une procédure calculant la valeur maximale d'un tableau de taille quelconque :

```
procédure MAXIMUM (A : in TØUT_TABLEAU_ENTIER ; MAX : out INTEGER) is
begin
   MAX := A(A'FIRST) ;
   for I in (A'FIRST + 1) .. A'LAST loop
      if A(I) > MAX then
         MAX := A(I) ;
      end if ;
   end loop ;
end ;
```

Remarquer comment les attributs A'FIRST et A'LAST permettent d'utiliser les bornes effectives de l'argument d'appel. Cette procédure peut ainsi s'appliquer à nos deux tableaux, par les appels :

```
MAXIMUM(TABLE_NØTES, NØTE_MAXI) ;
MAXIMUM(TABLE_SALAIRES, SALAIRE_MAXI) ;
```

Les chaînes de caractères

Les chaînes sont les unités de base pour la description de messages ou de textes, et jouent ainsi un rôle important dans de nombreuses applications, en particulier dans celles qui font beaucoup d'entrées/sorties. Le type appelé STRING est un type tableau prédéfini à éléments caractères et indices entiers. L'intervalle des indices n'est pas spécifié, mais la borne inférieure doit être 1 ou plus.

Puisque STRING est un type tableau, une variable de type STRING peut se déclarer par la donnée des bornes de ses indices. L'on peut ainsi écrire :

```
PRENØM, NØM : STRING(1..10) ;
LIGNE_ENTREE : STRING(1..72) ;
```

Les libellés (constantes chaînes de caractères) s'écrivent de la façon familière, en insérant la suite des caractères à l'intérieur de guillemets. Par exemple, l'on peut écrire :

```
PRENØM := "ANTØINE ^^^"
NØM :=  "MØNTFLEURY" ;
PUT ("CE MESSAGE") ;
```

Observons qu'un libellé peut être considéré comme l'abréviation d'un agrégat-tableau positionnel. Le nombre d'éléments de l'agrégat est le nombre des caractères de la chaîne.

Attention au piège suivant ! Puisque les chaînes sont représentées comme des vecteurs, une valeur chaîne doit avoir le même nombre de caractères que la variable chaîne à laquelle elle est affectée. Ainsi, contrairement à ce que l'on souhaiterait, on ne peut pas écrire :

```
PRENØM := "ANTØINE" ; -- problème : il faut 10 caractères
```

Il y a moyen d'obvier à ce problème, par exemple en utilisant des procédures admettant des tableaux sans contrainte en paramètre, comme dans MAXIMUM ci-dessus, mais il convient de rester vigilant.

Enfin, l'opérateur de concaténation & peut s'appliquer aux chaînes. Par exemple, l'on peut écrire :

```
LIGNE_ENTREE (1..20) := PRENØM & NØM ;
```

Ceci termine notre première approche des types en ADA. Nous y reviendrons au chapitre 7 pour la compléter.

3

DESCRIPTION DES CALCULS

Tout langage comprend des outils pour calculer des valeurs, prendre des décisions, et définir des résultats. Ce chapitre présente ces outils, expressions et instructions de base du langage. Le programmeur est familiarisé avec ces outils, mais il les jugera particulièrement bien conçus en ADA.

I — Les expressions

Une expression est une formule calculant une valeur. Les éléments de base d'une expression sont symbolisés par les exemples ci-après :

```
2                       -- valeur numérique
TRUE                    -- valeur booléienne
MER                     -- valeur d'un type énuméré
"SYMBØLE INVALIDE"      -- valeur-libellé
(1..10 => 0)            -- valeur agrégat
INDICE                  -- valeur d'une variable
TEXTE(I+1)              -- valeur d'un élément de tableau
A(1..10)                -- tranche d'un tableau
LØNG(ELEMENT)           -- valeur d'une fonction
A'FIRST                 -- valeur d'un attribut
```

Les éléments d'une expression peuvent être combinés au moyen d'opérateurs. Comme d'habitude, l'on peut utiliser des parenthèses pour indiquer l'ordre d'évaluation ; en l'absence de parenthèses, il y a des règles de priorité qui indiquent cet ordre. Par exemple, les opérateurs multiplicatifs * et / sont appliqués avant les opérateurs additifs + et -, eux-mêmes appliqués avant les opérateurs de relation = et < , et ces derniers sont appliqués avant les opérateurs logiques and et or.

Afin de préserver la sécurité offerte par les types, chaque opérateur d'une expression ne s'applique qu'à des opérandes d'un type défini, et fournit un résultat d'un type défini. Par exemple, les opérateurs additifs + et - ne s'appliquent qu'à des valeurs numériques du même type, et fournissent un résultat de ce même type.

Ainsi, étant donné les déclarations :

```
Type SØMME_FRANCS      is range - 60000..60000 ;
type NUMERØ_TRØU       is range 1..18 ;
SALAIRE, PRIME : SØMME_FRANCS ;
TRØU_SUIVANT : NUMERØ_TRØU ;
```

les expressions suivantes sont valides :

```
SALAIRE-100     -- résultat de type SØMME_FRANCS
SALAIRE + PRIME -- résultat de type SØMME_FRANCS
TRØU_SUIVANT+1 -- résultat de type NUMERØ_TRØU
```

tandis que les suivantes sont invalides :

```
SALAIRE + 100.0            -- 100.0 n'est pas de type SØMME_FRANCS
SALAIRE + TRØU_SUIVANT     -- types de noms différents.
```

Un résumé de quelques-uns des opérateurs d'ADA et des règles de type régissant leur emploi est donné dans la table 3.1. Ces opérateurs peuvent être combinés de la manière traditionnelle, comme dans les expressions suivantes :

```
PØS_LIGNE + LØNG_SYMBOLE              -- addition simple
NUM_LIGNE mod TAILLE_PAGE             -- module de la division entière
not TRØUVE_SYMBØLE                    -- négation logique
RAC2 (B ** 2 - 4.0 * A * C)           -- calcul d'une valeur réelle
I in 1..10                            -- contrôle d'intervalle sur I
INDICE < TAILLE_LIGNE                 -- contrôle à valeur logique
CHAUD or (FRØID and ENSØLEILLE)       --          -id-
```

TABLE 3.1

OPERATEURS DE BASE

OPERATEURS UNAIRES :

OPERATEUR	OPERATION	TYPE DE L'OPERANDE	TYPE DU RESULTAT
+	identité	numérique	même type numérique
-	négation	numérique	même type numérique
not	négation logique	BØØLEAN	BØØLEAN

OPERATEURS BINAIRES PORTANT SUR DES OPERANDES DE MEME TYPE :

OPERATEUR	OPERATION	TYPE DES OPERANDES	TYPE DU RESULTAT
+	addition	numérique	même type numérique
-	soustraction	numérique	même type numérique
mod	modulo	entier	même type entier
rem	reste	entier	même type entier
= /=	égalité et différence	tout type	BØØLEAN
< <= > >=	contrôle d'ordre	tout type scalaire	BØØLEAN
and	produit logique	BØØLEAN	BØØLEAN
or	somme logique	BØØLEAN	BØØLEAN

OPERATEURS BINAIRES PORTANT SUR DES OPERANDES DE TYPES DIFFERENTS :

OPERATEUR	OPERATION	PREMIER OPERANDE	SECOND OPERANDE	TYPE DU RESULTAT
*	multiplication	entier	entier	même type entier
		flottant	flottant	même type flottant
		virgule fixe	entier	comme le 1er opérande
		entier	virgule fixe	comme le 2è opérande
		virgule fixe	virgule fixe	virgule fixe généralisée
/	division	entier	entier	même type entier
		flottant	flottant	même type flottant
		virgule fixe	entier	comme le 1er opérande
		virgule fixe	virgule fixe	virgule fixe généralisée
**	exponentiation	entier	entier positif	comme le 1er opérande
		flottant	entier	-id-
in not in	appartenance	tout type T	intervalle ou sous-type de T	BØØLEAN

II — L'instruction d'affectation

L'affectation est une opération fondamentale dans presque tous les langages de programmation ; elle permet de remplacer la valeur courante d'une variable par une nouvelle valeur spécifiée par une expression. L'instruction d'affectation est de la forme :

variable := expression ;

La variable et l'expression peuvent être de n'importe quel type, y compris des tableaux entiers ou des tranches de tableaux. Cependant, rappelons-nous notre discussion sur les types. La variable et l'expression doivent être de même type. Cette règle garantit que les propriétés de type des variables sont préservées durant l'exécution du programme.

Considérons, par exemple, les affectations suivantes :

```
INDICE := 0 ;                        -- initialisation simple
AJD_HUI := MER ;                     -- affectation d'un jour
DISCRIM := B**2 - 4.0*A*C ;          -- affectation d'une valeur réelle
TRØUVE_SYMBØLE := FALSE ;            -- initialisation booléenne
LØNG_SYMBØLE := TAILLE(ELEMENT) ;    -- affectation d'un résultat de fonction
TABLE(J) := TABLE(I) + 1 ;           -- mise à jour d'une table
TEXTE(1..4) := "JEAN" ;              -- affectation d'un libellé
VECTEUR := (1..10 => 0) ;            -- mise à zéro d'un tableau
```

sous réserve des déclarations appropriées, toutes ces affectations sont valides. Noter que, grâce à l'emploi de types adéquats, les valeurs affectées reflètent bien les objets du monde réel qu'elles sont chargées de représenter.

Finalement, souvenons-nous que toute contrainte sur une variable est contrôlée lors de l'affectation. Ceci garantit que toute tentative illégale, par exemple assigner une valeur négative à TRØU_SUIVANT, sera signalée au programmeur.

III — Les instructions conditionnelles

A situations diverses, calculs divers. La notion de sélection conditionnelle se traduit par deux types d'instructions : les instructions if et case.

L'instruction "if" permet de choisir une séquence d'instructions en fonction de la valeur de vérité d'une ou plusieurs conditions. L'on peut avoir une seule condition comme dans, par exemple :

```
if (NØM_MØIS = DEC) and (NUM_JØUR  = 31) then
    NØM_MØIS := JAN ;
    NUM_JØUR := 1 ;
    NUM_ANNEE := NUM_ANNEE + 1 ;
end if ;
```

Ici, la véracité ou la fausseté de la condition :

```
(NØM_MØIS = DEC) and (NUM_JØUR = 31)
```

détermine si la séquence d'instructions incluse entre then et end if est exécutée ou non. Noter que les parenthèses n'y sont pas nécessaires : elles n'ont été mises que par souci de clarté.

Dans le cas de conditions multiples, c'est la première condition vraie qui détermine la séquence à exécuter. Par exemple, l'on peut avoir une structure comme :

```
IF CØNDITIONS_CLIMATIQUES = PLUIE then
   -- séquences d'instructions à exécuter
   -- lorsqu'il pleut.
   elsif CØNDITIONS_CLIMATIQUES = SØLEIL  then
   -- séquences d'instructions à exécuter
   -- lorsque le soleil brille.
   else
   -- séquences d'instructions à exécuter
   -- lorsqu'il ne pleut pas
   -- et que le soleil ne brille pas.
END IF ;
```

Plus généralement, une condition peut être une expression quelconque à valeur de type BØØLEAN. L'on peut ainsi avoir des critères de sélection très diversifiés, comme dans :

```
if TRØUVE_SYMBØLE then...          -- utilisation d'une variable booléienne
if INDICE < TAILLE_LIGNE then...   -- utilisation d'une relation
if X in 1..100 then...             -- contrôle d'appartenance à un intervalle
if A(1..10) = A(11..20) then...    -- comparaison de tranches de tableaux
if ØCCUPE(LIG, CØL) then...        -- appel d'une fonction booléienne
```

Une instruction "case" est analogue à une instruction "if", excepté que la sélection se fonde sur la valeur d'une expression unique donnée en tête de l'instruction. Considérons, par exemple, le schéma de choix :

```
case AJD_HUI is
     when LUN ⇒ ØUVRIR_CØMPTES ;
                CALCUL_BALANCE_INITIALE ;
     when MAR ⇒ SØRTIR_ETAT(AJD_HUI) ;
     when MER ⇒ SØRTIR_ETAT(AJD_HUI) ;
     when JEU ⇒ SØRTIR_ETAT(AJD_HUI) ;
     when VEN ⇒ CALCUL_BALANCE_FINALE ;
                FERMER_CØMPTES ;
     when SAM ⇒ null ;
     when DIM ⇒ null ;
end case ;
```

D'après la valeur de AJD_HUI, de type JØUR, l'un des sept cas sera sélectionné. Ici comme dans tout schéma de choix, une séquence doit être fournie pour chaque valeur possible de l'expression servant de critère au choix.

Les valeurs fournies dans une clause "when" ne sont pas limitées à des valeurs uniques. En particulier, un groupe, ou un intervalle de valeurs peut être fourni. Ainsi, le schéma de choix ci-dessus peut encore s'écrire :

```
case AJD_HUI is
     when LUN          ⇒  ØUVRIR_CØMPTES ;
                          CALCUL_BALANCE_INITIALE ;
     when MAR..JEU     ⇒  SØRTIR_ETAT(AJD_HUI) ;
     when VEN          ⇒  CALCUL_BALANCE_FINALE ;
                          FERMER_CØMPTES ;
     when SAM..DIM     ⇒  null ;
end case ;
```

Enfin, il y a des situations où le critère du choix a de nombreuses valeurs et où, sauf pour un petit nombre de valeurs, les actions à entreprendre sont identiques. En ce cas, le choix <u>others</u> peut être utilisé pour désigner toute valeur absente des énumérations de cas précédentes. Par exemple, l'on peut avoir :

```
case AJD_HUI is
    when LUN    => INITIALISER_DØNNEES_PAIE ;
    when VEN    => ECRIRE_BULLETINS_PAIE ;
    when others => null ;
end case ;
```

Le choix <u>others</u> doit toujours apparaître en dernier.

IV — Les instructions de boucle

Le mécanisme de base permettant de répéter des calculs est l'instruction <u>loop</u>. Une boucle se présente toujours sous la forme du schéma :

```
loop
 --  instructions à répéter
end loop ;
```

Le schéma de boucle élémentaire peut être préfixé par une clause d'itération, ou contenir des instructions "exit". L'exécution d'une boucle se termine lorsque la clause d'itération est satisfaite, ou lorsqu'une instruction "exit" est exécutée.

La première forme de clause d'itération est la clause <u>for</u>, qui indique un indice de boucle et un intervalle de valeurs qui sont successivement affectées à l'indice de chaque itération. Ainsi, l'on peut avoir la boucle :

```
SØMME := 0 ;
for I in 1..10 loop
    SØMME := SØMME + A(I) ;
end loop ;
```

La boucle somme dix éléments du tableau A.

Plus généralement, l'indice de boucle peut être d'un type discret quelconque, dont l'intervalle de valeurs est donné explicitement. L'on peut ainsi avoir :

```
for JR in LUN..VEN loop
     -- instructions à exécuter pour les valeurs successives de JR
     -- de LUN à VEN.
end loop ;
```

ou bien :

```
for LA_PIECE in PIECE'FIRST .. PIECE'LAST loop
    -- instructions à exécuter pour les valeurs successives de
    -- LA_PIECE de PIECE'FIRST à PIECE'LAST.
end loop ;
```

La seconde forme de la spécification d'itération est la clause while, qui définit une condition contrôlée avant chaque exécution de la boucle. La boucle s'achève lorsque la valeur de la condition est "faux". Par exemple, l'on peut avoir les boucles :

```
while CARAC  /=  FIN loop
        CAR_SUIVANT (NØM_FICHIER, CARAC) ;
end loop ;
while X > EPSILØN loop
      X := F(X,Y) ;
      Y := G(X,Y) ;
end loop ;
```

Comme mentionné précédemment, une boucle peut aussi contenir un ordre de fin explicite ("exit"). Considérons, par exemple, la boucle :

```
loop
   PRENDRE_CØMMANDE(APPAREIL, CØMMANDE) ;
   exit when (ETAT_CØMMANDE = ARRET) ;
   TRAITER_CØMMANDE(UTILISATEUR, CØMMANDE) ;
end loop ;
```

Cette boucle continue de chercher et de traiter des commandes jusqu'à ce que l'état de la commande d'entrée indique l'arrêt.

Enfin, une boucle peut être étiquetée, ce qui permet d'utiliser un ordre "exit" à l'intérieur de la boucle pour "sortir" de la boucle étiquetée. L'on peut ainsi avoir :

```
TRØUVER :
    for I in 1..10 loop
        for J in 1..10 loop
            if A(I,J) = 0 then
               M := I ; N := J ;
               exit TRØUVER ;
            end if ;
        end loop ;
    end loop TRØUVER ;
```

Ici, les deux boucles s'achèvent dès qu'un élément nul est trouvé dans le tableau A.

4

LES SOUS-PROGRAMMES

Nous sommes tous familiarisés avec le concept de sous-programme, et pourrions difficilement imaginer un langage de programmation sans caractéristique de ce genre. Les sous-programmes permettent au programmeur de conditionner des calculs (souvent complexes) en paramétrant leur comportement.

I — Les sous-programmes

En ADA, il y a deux formes de sous-programmes : les procédures et les fonctions. Une procédure permet de définir une séquence d'actions ; elle est exécutée grâce à une instruction d'appel de sous-programme. Une fonction permet de définir un calcul ramenant une valeur ; elle est exécutée grâce à un appel de fonction figurant dans une expression. Les effets de bords, c'est-à-dire l'affectation à des variables globales, sont autorisés tant dans les fonctions que dans les procédures.

Considérons le sous-programme suivant, donné auparavant dans la section 1.4. :

```
procedure CALCUL_ELEVATIØN(V_X, V_Y, DISTANCE : in FLØAT ; ELEVA : out FLØAT) is
        TEMPS : FLØAT ;
begin
        TEMPS := DISTANCE /V_X ;
        ELEVA := V_Y * TEMPS - (G/2.0) * (TEMPS ** 2) ;
end ;
```

Cette procédure est de la forme générale suivante :

```
procedure CALCUL_ELEVATIØN(paramètres) is
    -- déclarations locales
begin
    -- instructions locales
end ;
```

Les paramètres d'une procédure ont tous un mode, défini comme suit :

- . les paramètres d'entrée (in), par exemple V_X, V_Y et DISTANCE, qui sont des données pour le sous-programme ;
- . les paramètres de sortie (out), par exemple ELEVA, qui sont des résultats calculés par le sous-programme ;
- . les paramètres mixtes (in out), qui sont traités comme des variables dont la valeur peut être modifiée durant l'exécution de la procédure.

En l'absence d'une spécification de mode, le mode <u>in</u> est pris par défaut. A l'intérieur d'un sous-programme, la valeur d'un paramètre <u>in</u> est considérée comme une constante, et ne doit pas être modifiée.

Le nom d'une procédure et la liste de ses paramètres identifient la procédure pour l'utilisateur. Les noms des paramètres sont considérés comme locaux au corps de la procédure. Il est important de noter qu'une procédure peut contenir des déclarations locales décrivant une information interne. Les instructions du corps de la procédure décrivent son comportement interne requis pour obtenir l'effet souhaité.

Formellement, une fonction est semblable à une procédure, mais comme mentionné ci-dessus, s'emploie pour calculer une valeur utilisée au sein d'une expression. Une fonction ne peut avoir que des paramètres <u>in</u>.

Considérons la fonction suivante, dérivée de notre précédent exemple :

```
function HAUTEUR_NETTE (V_X, V_Y, DISTANCE : FLØAT) return FLØAT is
     TEMPS, ELEVA : FLØAT ;
begin
     TEMPS := DISTANCE /V_X ;
     ELEVA := V_Y * TEMPS - (G/2.0) * (TEMPS ** 2 ) ;
     return ELEVA ;
end ;
```

Cette fonction est de la forme générale suivante :

```
function HAUTEUR_NETTE(paramètres)return type-du-résultat is
    -- déclarations locales
begin
    -- instructions locales
end ;
```

Observons que le type de la valeur renvoyée par une fonction doit être spécifié, et que le corps de la fonction doit contenir une ou plusieurs instructions "return". L'exécution d'un ordre "return" met fin à l'exécution de la fonction et indique la valeur à renvoyer.

II — Appel des sous-programmes

Une fois qu'un sous-programme a été défini, on veut pouvoir l'utiliser, parfois en divers endroits d'un programme. Ceci se réalise par des appels au sous-programme.

La forme la plus familière d'un appel de sous-programme utilise une notation positionnelle, où le nom du sous-programme est suivi d'une liste d'arguments, un pour chaque paramètre, et dans le même ordre que les paramètres. Pour la procédure CALCUL_ELEVATIØN, l'on pourrait trouver les instructions d'appel suivantes :

```
CALCUL_ELEVATIØN(X_VITESSE, Y_VITESSE, DISTANCE_CIBLE, ELEVATIØN) ;
CALCUL_ELEVATIØN(50.0, 60.0, (PØSITIØN_BØRD + 10.0), Y_VALEUR) ;
```

Chaque argument doit être du même type que le paramètre correspondant. Cette règle découle naturellement du principe des types et garantit qu'une procédure ne sera pas appelée avec des arguments de type incompatible.

Comme illustré dans les appels ci-dessus, un argument correspondant à un paramètre in peut être une expression. Pour les paramètres out et in out, l'argument doit être une variable ; la valeur d'une telle variable peut être modifiée par l'exécution de la procédure.

ADA offre une autre méthode, moins traditionnelle, pour appeler un sous-programme. L'on peut explicitement associer un argument au paramètre correspondant. Soit, par exemple, la spécification de procédure suivante :

```
procedure FUSIØN(NØUVEAUX_ARTICLES : TABLE ; ARTICLES_A_MØDIFIER : in out TABLE) ;
```

Au lieu de l'appel positionnel, soit :

```
FUSIØN(DØNNEES_SØURCE, DØNNEES_EN_LIGNE) ;
```

l'on peut écrire :

```
FUSIØN(NØUVEAUX_ARTICLES ⇒ DØNNEES_SØURCE, ARTICLES_A_MØDIFIER ⇒ DØNNEES_EN_LIGNE) ;
```

Dans de tels appels, les arguments peuvent figurer dans un ordre quelconque. Ainsi,l'on peut encore écrire :

```
FUSIØN(ARTICLES_A_MØDIFIER ⇒ DØNNEES_EN_LIGNE, NØUVEAUX_ARTICLES ⇒ DØNNEES_SØURCE) ;
```

Lorsque de longues listes de paramètres sont fréquentes et ont des valeurs par défaut normalisées, comme dans les logiciels utilitaires généraux, de tels appels conduisent à une autre spécificité d'ADA. En particulier, l'on peut donner une valeur par défaut à un paramètre in en l'indiquant dans la spécification du sous-programme.
Si l'on veut, lors d'un appel, utiliser la valeur par défaut du paramètre, l'argument correspondant peut être omis.

Soit, par exemple, la spécification de procédure :

```
procedure SØRTIE_ETAT(FICHIER_DØNNEES : FICHIER := DØNNEES_FØURNIES ;
                      NB_CØPIES : INTEGER := 1 ;
                      EN_TETE : LIGNE := ENTETE_NØRMALISEE ;
                      CENTRAGE : BØØLEAN := TRUE ;
                      PØS_PAGE : PØSITIØN := HAUT_DRØITE ;
                      PØLICE_CARACTERES : IMPRESSIØN := NØRMALE) ;
```

Tous les appels suivants sont valides :

```
SØRTIR_ETAT ;
SØRTIR_ETAT(NB_CØPIES ⇒ 5) ;
SØRTIR_ETAT(FICHIER_DØNNEES ⇒ DØNNEES_SECØURS) ;
SØRTIR_ETAT(EN_TETE ⇒ "E T A T   F I N A L",
            PØS_PAGE ⇒ HAUT_CENTRE,
            PØLICE_CARACTERES ⇒ SPECIALE,
            NB_CØPIES ⇒ 100) ;
```

Chacun des appels ci-dessus utilise les valeurs par défaut fournies dans la spécification. Noter à nouveau que les arguments peuvent être écrits dans un ordre quelconque.

Enfin, il y a des procédures où certains arguments sont toujours présents, habituellement selon un ordre normalisé, alors que les autres arguments sont optionnels. En ce cas, les arguments initiaux peuvent être fournis par position, les autres arguments pouvant être listés associés au nom de leur paramètre. Considérons par exemple la spécification de procédure :

```
procedure TRACER(X,Y : FLØAT ;
                 PLUME : ETAT_PLUME := BAISSEE ;
                 GRILLE : BØØLEAN := FALSE ;
                 ARRØNDI : BØØLEAN := FALSE) ;
```

L'on peut trouver les appels suivants :

```
TRACER(0.0, 0.0) ;
TRACER(X_MIN, Y_MIN, GRILLE => TRUE) ;
TRACER(X_MAX, Y_MAX, ARRØNDI => TRUE, PLUME => LEVEE) ;
TRACER(X_MAX, Y_MAX, LEVEE, ARRØNDI => TRUE) ;
```

III — Séparation du corps des sous-programmes

Toute unité de programme (sous-programme, logiciel, ou tâche) se caractérise par deux éléments :

. un interface, qui résume ses propriétés pour l'utilisateur ;
. une implémentation, qui décrit son comportement interne.

La possibilité de séparer une déclaration de son corps est une (quasi-) nouveauté d'ADA. Cette séparation permet d'atteindre plusieurs objectifs d'un seul coup. L'on peut regrouper les déclarations de sous-programmes ayant un rapport entre eux avec celles d'autres informations. De plus, l'on peut isoler la description de leurs corps, dont le texte s'étend souvent sur plusieurs pages. Enfin, cette possibilité est fondamentale pour les logiciels (cf. chapitre V).

Pour les sous-programmes, une déclaration de sous-programme donne le nom du sous-programme, ses paramètres et, le cas échéant, le type de la valeur renvoyée. Le corps du sous-programme donne les déclarations et instructions locales.

Soit, par exemple, la séquence de déclarations suivante :

```
procedure AJØUT(I : ELEMENT ; F : in out FILE) ;
procedure RETRAIT(I : out ELEMENT ; F : in out FILE) ;
function TETE(F : FILE) return ELEMENT ;
function VIDE(F : FILE) return BØØLEAN ;
```

Ces déclarations définissent des procédures pour ajouter un élément à une file et pour retirer l'élément de tête de la file, ainsi que des fonctions permettant d'examiner l'élément de tête et de vérifier si la file est vide. Collectivement, ces sous-programmes définissent un ensemble d'opérations permettant de travailler sur des files, et leurs déclarations peuvent ainsi être regroupées, comme ci-dessus, en un seul endroit.

Le corps de ces sous-programmes peut être donné après toutes les déclarations, de la manière suivante :

```
procedure AJØUT(I : ELEMENT ; F : in out FILE) is
   ...
end ;
   ...
function VIDE(F: FILE) return BØØLEAN is
   ...
end ;
```

Noter que la liste de paramètres de chaque sous-programme est répétée dans le corps du sous-programme.

Enfin, puisque le corps d'un sous-programme englobe ainsi l'information d'une déclaration de sous-programme, cette déclaration n'est nécessaire que si le sous-programme est appelé dans un corps écrit auparavant. C'est le cas pour les sous-programmes donnés précédemment dans le texte. Noter, cependant, que l'on peut toujours séparer une déclaration de procédure de son corps.

IV — Homonymie de sous-programmes

Il y a des situations où l'on veut définir une même opération conceptuelle sur des arguments de types différents. Un exemple classique en est l'opération d'impression de différents types de valeurs.

Considérons les déclarations de procédures :

```
procedure PUT (X : INTEGER) ;
procedure PUT (X : FLØAT) ;
procedure PUT (X : STRING) ;
```

pour imprimer un libellé représentant la valeur, respectivement d'un entier, un réel en virgule flottante, et une chaîne de caractères.

Les corps de ces procédures seront différents, puisqu'ils dépendent du modèle d'impression des entiers, des réels et des chaînes. L'utilisation de deux sous-programmes ou plus de même nom, mais avec des types de paramètres différents, s'appelle une définition homonyme (ou extension).

Un sous-programme homonyme s'appelle de la façon habituelle, par exemple :

```
PUT (I+1) ;                  -- appel pour imprimer un entier
PUT (RAC2(Y)) ;              -- appel pour imprimer un réel
PUT ("CE MESSAGE") ;         -- appel pour imprimer une chaîne
```

L'idée-clef est ici que le corps de sous-programme correspondant est choisi en fonction du type de ses paramètres. Ainsi, puisque chacun des appels ci-dessus correspond à une (et une seule) des déclarations de PUT, le corps approprié peut être déterminé.
Notons en passant que cette utilisation de l'extension est semblable à l'utilisation de + comme opérateur des deux additions sur les entiers et sur les réels en virgule flottante.

5

LES LOGICIELS

L'organisation des unités de programme est un aspect fondamental de la construction des programmes. Les sous-programmes représentent une forme importante d'organisation. En particulier, ils permettent de décrire un calcul (parfois complexe) pouvant se caractériser par un interface simple pour l'utilisateur. Ainsi, ils représentent une unité de base dans la décomposition des programmes et permettent un développement méthodique tant des petits que des gros programmes.

Ce chapitre décrit une autre forme importante de l'organisation des programmes, le logiciel (package en ADA). Nous verrons que les logiciels peuvent recouvrir une large gamme d'utilisations, comprenant les collections nommées d'information commune, les groupes de sous-programmes liés qui exécutent collectivement une activité donnée, et les définitions de types privés dotés d'opérations spécialisées. De façon générale, un logiciel fournit un service. Comme tout service, il peut reposer sur des données et des services internes qui ne sont pas (et ne doivent pas être) accessibles par l'utilisateur.

I — L'information visible

Tout logiciel est défini par la donnée d'une liste d'informations déclarées. Ces informations peuvent être rendues accessibles par l'utilisateur, et sont appelées la partie visible du logiciel.

Soit, par exemple, le logiciel suivant :

```
package CØNVERSIØNS_METRIQUES is
     CM_PAR_PØUCE : constant FLØAT :=  2.54 ;
     CM_PAR_PIED  : constant FLØAT := 30.48 ;
     CM_PAR_YARD  : constant FLØAT := 91.44 ;
     KM_PAR_MILE  : constant FLØAT :=  1.609;
```

Ce logiciel simple définit une collection de quatre constantes. On peut facilement imaginer une liste plus complète de semblables constantes, comprenant celles pour les surfaces et les volumes de même que celles pour les poids. Le fait d'isoler une telle information commune en la déclarant dans un logiciel non seulement permet à d'autres unités de programmes d'utiliser cette information, mais encore garantit que ces unités utiliseront le même nom pour les constantes, avec les mêmes valeurs.

L'exemple ci-dessus illustre la forme générale des logiciels n'ayant qu'une partie visible :

```
package CØNVERSIØNS_METRIQUES is
        -- information visible
end ;
```

L'information visible s'indique par une séquence de déclarations.

Même à l'intérieur de cette structure simple, il existe de nombreuses variations utiles. Par exemple, l'on peut regrouper des variables communes dans un logiciel, comme dans :

```
package DØNNEES_CLIMATIQUES is
    ALTITUDE    : array ( - 90..90, - 90..90) of FLØAT ;
    TEMPERATURE: array ( - 90..90, - 90..90) of FLØAT ;
    VITESSE_VENT: array ( - 90..90, - 90..90) of FLØAT ;
end ;
```

Comme dans les constantes, d'autres unités de programme peuvent utiliser ces données communes, par exemple pour lire, modifier ou analyser les tableaux.

Et les types ? Dans un langage de types comme ADA, des groupes de constantes et de variables doivent probablement inclure la déclaration de types associés. Ainsi, l'on peut avoir :

```
package GØLF is
   type GØLF_CRØSSE is (DRIVER, FER, PUTTER, WEDGE, MASHIE) ;
   type GØLF_MARQUE is range 1..200 ;
   type NUMERO_TROU is range 1..18 ;
   type HANDICAP    is range 0..36 ;
   type MARQUE      is array (NUMERØ_TRØU) of GØLF_MARQUE ;
   PARCØURS_MØYEN : constant GØLF_MARQUE := 72 ;
   VALEURS_MØYENNES : constant MARQUE := (1 => 5, 2 => 3, 3 => 4, 4 => 4, 5 => 3,
                                          6 => 4, 7 => 5, 8 => 4, 9 => 4, 10 => 3
                                          11 => 4, 12 => 4, 13 => 4, 14 => 5, 15 => 3,
                                          16 => 4, 17 => 4, 18 => 5) ;
end ;
```

Non seulement ce lociciel définit des constantes communes, mais il définit encore plusieurs types. Ainsi, toute unité qui utilise le logiciel aura aussi accès aux types associés. Il est important de noter que l'utilisateur peut déclarer des constantes et des variables de ces types, comme dans :

```
TRØU_SUIVANT : NUMERØ_TRØU ;
MA_MARQUE    : GØLF_MARQUE ;
MØN_HANDICAP : constant HANDICAP := 10 ;
```

Dans tous les exemples ci-dessus, l'effet est le même : un logiciel définit une collection d'informations logiquement dépendantes qui peuvent être rendues accessibles à d'autres unités de programme.

II — Utilisation de l'information visible

Un logiciel définit une collection d'informations ; mais ces informations ne sont pas directement visibles par d'autres unités de programme.

L'une des façons de désigner un identificateur déclaré dans un logiciel est d'utiliser une détermination pointée :

```
nom-du-logiciel . identificateur-déclaré
```

Considérons, par exemple, le logiciel DØNNEES_CLIMATIQUES introduit précédemment. Le tableau ALTITUDE peut être désigné par :

```
DØNNEES_CLIMATIQUES . ALTITUDE
```

et l'on peut ainsi écrire l'affectation :

```
DONNEES_CLIMATIQUES . ALTITUDE(I,j) := ALTITUDE_LUE ;
```

On peut encore rendre visible à une autre unité de programme toute l'information d'une partie visible en plaçant une clause "use" au début de l'unité. Par exemple, l'on peut écrire le sous-programme :

```
procedure MAJ_DØNNEES_CLIMATIQUES is
      use DØNNEES_CLIMATIQUES ;
      I,J : INTEGER range - 90..90 ;
      ALT_LUE, TEMP_LUE, VENT_LU : FLØAT ;
begin
      PRENDRE_CØØRD_ZØNE (i,J) ;
      PRENDRE_INDICATEURS (ALT_LUE, TEMP_LUE, VENT_LU) ;
      ALTITUDE (I,J)        := ALT_LUE ;
      TEMPERATURE (I,J)     := TEMP_LUE ;
      VITESSE_VENT (I,J)    := VENT_LU ;
end ;
```

L'effet de la clause "use" est de rendre visible à l'unité de programme contenant cette clause les identificateurs déclarés dans DØNNEES_CLIMATIQUES.

Nous constatons que l'information d'un logiciel est rendue visible sur une base sélective. Toute unité de programme ayant besoin de l'information d'un module peut rendre cette information visible ; les autres unités ne sont pas affectées. Ainsi, les identificateurs déclarés dans la partie visible n'inondent pas l'espace des noms du programme entier. Dans un vaste ensemble de programmes, où il peut y avoir de nombreux logiciels (chacun offrant l'accès à une certaine information), le contrôle et l'utilisation sélective de l'information peut fournir un haut degré de sécurité.

Enfin, l'effet exact de la clause "use" est relativement compliqué, principalement à cause de l'homonymie (extension), l'imbrication, et la possibilité de conflits de noms entre logiciels. Dans tous les cas, un élément déclaré dans un logiciel peut toujours être désigné par une notation pointée.

III — Opérations sur les données

Dans les exemples précédents, un logiciel fournissait un certain service : l'accès à une information. Des données seules peuvent ne pas suffire. On peut souhaiter offrir des opérations pour transformer les données.

Comme indiqué auparavant, la partie visible d'un logiciel contient une séquence de déclarations. Rappelons-nous qu'un sous-programme peut être fourni en deux parties séparées : sa déclaration et son corps. Ceci conduit à la deuxième forme de base d'un logiciel, dans laquelle la partie visible contient non seulement la déclaration de constantes, variables, et types, mais encore celle de sous-programmes associés.
Le comportement de ces sous-programmes est décrit séparément dans un corps de logiciel (package body).

Un corps de logiciel remplit les mêmes fonctions qu'un corps de sous-programme. En particulier, il définit les détails internes requis pour implémenter l'interface fourni à l'utilisateur. Comme les corps de sous-programmes, les caractéristiques des corps de logiciels sont invisibles pour l'utilisateur.

Considérons le problème de définir un logiciel de gestion de table permettant d'insérer et d'extraire des éléments. Les éléments sont insérés dans la table au fur et à mesure qu'ils sont fournis. Tout élément inséré a un numéro d'ordre. Les éléments sont extraits d'après leur numéro d'ordre, l'élément de numéro d'ordre le plus faible étant extrait en premier.

Du point de vue de l'utilisateur, ce logiciel est très simple. Il existe un type, appelé ELEMENT, désignant les éléments de la table, une procédure INSERER, pour insérer des éléments, et une procédure EXTRAIRE permettant d'obtenir l'élément de numéro d'ordre le plus faible. Il y a un élément spécial, ELEMENT_NUL, qui est renvoyé lorsque la table est vide.
La partie visible d'un tel logiciel est donnée ci-après :

```
package GESTIØN_TABLE is
     type ELEMENT is
        record
          NUM_ØRDRE : INTEGER ;
          CØDE_ELEMENT : INTEGER ;
          QUANTITE     : INTEGER ;
          TYPE_ELEMENT : CHARACTER ;
        end record ;
```

```
        ELEMENT_NUL : constant ELEMENT := (NUM_ØRDRE|CØDE_ELEMENT|QUANTITE ⇒ 0,
                                           TYPE_ELEMENT  ⇒' ') ;
        procedure INSERER (NØUVEL_ELEMENT : ELEMENT) ;
        procedure EXTRAIRE (PREMIER_ELEMENT : out ELEMENT) ;
    end ;
```

Pour compléter le logiciel ci-dessus, il faut définir l'implémentation des deux procédures INSERER et EXTRAIRE. Ceci se réalise en définissant les deux corps de procédure dans un corps de logiciel.

Un corps de logiciel définissant l'implémentation du logiciel de gestion de table est esquissé dans l'exemple 5.1. Le détail de l'implémentation d'un tel logiciel peut être fort complexe, faisant ici intervenir une table doublement chaînée d'éléments internes. Une procédure de gestion locale ECHANGE est utilisée pour déplacer un élément interne entre la liste active et la liste libre. Deux fonctions locales, LISTE_LIBRE_VIDE et LISTE_ACTIVE_VIDE, ainsi que des variables et des constantes locales, sont encore utilisées.

L'on y voit la forme générale d'un corps de logiciel dont la partie visible contient des déclarations de sous-programmes :

```
package body GESTIØN_TABLE is
   --  corps des sous-programmes visibles, plus toutes les informations
   --  internes nécessaires à l'implémentation du logiciel.
begin
   --  instructions d'initialisation du logiciel
end ;
```

Si, par essence, le corps d'un logiciel fournit les corps des sous-programmes visibles, l'écriture de ces corps peut à son tour réclamer l'utilisation de données locales, de types locaux, et de sous-programmes locaux.
L'utilisation de données locales peut à son tour réclamer l'exécution d'instructions pour en initialiser les valeurs. Ces instructions sont exécutées lorsque le corps du logiciel est élaboré.

En général, le corps du logiciel implémente le service promis à l'utilisateur. Comme indiqué auparavant, seule la partie visible du logiciel est dévoilée à l'utilisateur.

```
package body GESTIØN_TABLE is
      TAILLE : constant INTEGER := 6000 ;
      subtype INDICE is INTEGER range 0..TAILLE ;
      type ELEMENT_INTERNE is
           record
               CØNTENU : ELEMENT ;
               ELEMENT_SUIVANT : INDICE ;
               ELEMENT_PREC    : INDICE ;
           end record ;
      TABLE : array (INDICE) of ELEMENT_INTERNE ;
      PREMIER_ELEMENT_LIBRE : INDICE ;
      PREMIER_ELEMENT_ACTIF : INDICE ;
      function LISTE_LIBRE_VIDE return BØØLEAN is
         ...
      end ;
      function LISTE_ACTIVE_VIDE return BØØLEAN is
         ...
      end ;
      procedure ECHANGE (ØRIGINE : INDICE ; DEST : INDICE) is
         ...
      end ;
      procedure INSERER (NØUVEL_ELEMENT : ELEMENT) is
         ...
      end ;
      procedure EXTRAIRE (PREMIER_ELEMENT : out ELEMENT) is
         ...
      end ;
begin
      -- code permettant d'initialiser les liens
end ;
```

Exemple 5.1. : Corps de logiciel pour un logiciel de gestion de table.

IV — Information privée

Bien que le mécanisme illustré ci-dessus fournisse un moyen simple et puissant pour créer des abstractions, il ne garantit pas l'intégrité de ces abstractions. Dans notre exemple de gestion de table, rien n'interdit à un utilisateur d'accéder aux composantes d'un élément et de les changer arbitrairement. Cela peut être pratique, mais peut aussi soulever de graves problèmes, particulièrement dans des applications où l'on souhaite interdire l'accès aux données. Des garde-fous sont donc nécessaires si l'on veut assurer l'intégrité de l'information. Ceci conduit à la notion d'information privée ("private"), et en particulier à l'utilisation d'objets dont le type est spécifié comme private type.

Soit le logiciel suivant :

```
package E_S_SIMPLE is
    type NØM_FICHIER is private ;
    procedure CREER (F : out NØM_FICHIER) ;
    procedure LIRE  (F : NØM_FICHIER ; ELEMENT : out INTEGER) ;
    procedure ECRIRE(F : NØM_FICHIER ; ELEMENT : INTEGER) ;
private
    type NØM_FICHIER is range 0..50 ;
end ;
package body E_S_SIMPLE is
   ... implémentation des procédures de manipulation de fichiers
end ;
```

Comme auparavant, tout utilisateur de ce logiciel peut déclarer des variables de types NØM_FICHIER, et peut transmettre ces variables aux procédures CREER, LIRE et ECRIRE. Cependant, le type de NØM_FICHIER étant déclaré comme privé, l'utilisateur ne peut utiliser le fait que ce type est implémenté sous forme d'un entier, c'est-à-dire qu'il ne peut pas faire de calculs arithmétiques sur des variables de type NØM_FICHIER. Les seules opérations définies dans le langage qu'il puisse utiliser sont l'affectation et la comparaison d'égalité ou d'inégalité.

Si même ces opérations doivent être interdites, on déclarera NØM_FICHIER comme un type limited private, comme dans :

```
type NØM_FICHIER is limited private ;
```

Dans les deux cas, la partie visible du logiciel est suivie d'une partie privée, qui donne la définition complète de tous les types privés.
Cette forme est caractéristique de situations où l'on veut un contrôle absolu sur les opérations d'un type.

Les logiciels ayant des types privés remplissent un double rôle. D'une part, ils empêchent l'utilisateur d'agir sur des données du type défini dans le logiciel. D'autre part, ils implémentent le concept de type de donnée abstrait, où les seules opérations sur le type (hormis l'affectation et l'égalité) sont celles qui sont données dans le logiciel.

V — Résumé

Les logiciels, comme les sous-programmes, offrent un puissant outil d'abstraction. Les services que peuvent rendre les logiciels s'étendent à l'infini ; les trois possibilités de base sont :

. déclaration de collections nommées de données et de types ;
. définition d'une collection de sous-programmes indépendants ;
. déclaration de données dont les propriétés de type sont privées.

De plus, avec la notation pointée et la clause "use", l'utilisateur peut ménager un accès sélectif à l'information visible.

6

STRUCTURE GÉNÉRALE DES PROGRAMMES

A mesure que la taille des programmes croît, les problèmes qu'ils posent croissent plus vite encore. Il faut en conséquence pouvoir résoudre des problèmes tels que l'organisation des unités de programmes, la portée des identificateurs, le contrôle des erreurs, et la difficulté d'opérer des modifications.

Ce chapitre traite de l'imbrication des unités de programme (sous-programmes, logiciels et tâches), et des règles de visibilité définissant les identificateurs pouvant être référencés en une région donnée du texte du programme.

Il est aussi question de la compilation séparée, puissant outil pour diriger le développement des programmes. Si elle est utile même pour de petits programmes, pour de gros programmes la compilation séparée est primordiale. Elle vise essentiellement à permettre la division de gros programmes en parties plus simples, plus aisément manipulables.

La discussion des règles d'ADA concernant l'imbrication et la compilation séparée exige l'introduction d'un certain nombre de concepts qui y sont liés. Ces concepts sont fort simples dans leur principe, mais non dans leurs détails. Ce chapitre cherche à faire ressortir les concepts, laissant les détails au manuel de référence du constructeur.

Notre propos sera illustré par un programme permettant de résoudre le problème des Huits Reines, que l'on peut présenter ainsi : l'on veut écrire un programme pour déterminer une disposition de huit reines sur un échiquier ordinaire de telle manière qu'aucune reine ne puisse en prendre une autre. Un échiquier peut être considéré comme un tableau 8 sur 8 de cases. Une reine peut en prendre une autre si elles sont toutes deux sur la même ligne, la même colonne, ou la même diagonale.

Soit par exemple, la configuration de la figure 6.1. :

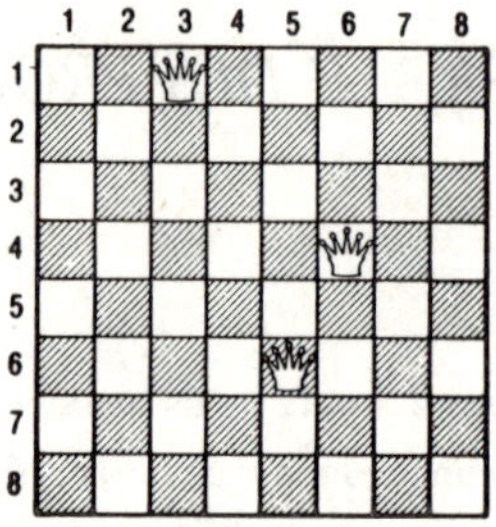
Figure 6.1 : Trois reines.

La reine de la ligne 1, colonne 3, peut prendre toute autre reine sur la ligne 1 ou sur la colonne 3. Elle peut aussi prendre la reine de la ligne 4, colonne 6, car elles sont toutes deux sur une même diagonale descendante. La reine de la ligne 6, colonne 5 ne peut être prise par aucune des autres reines. L'on veut un programme permettant de trouver l'une des configurations possibles où les huit reines peuvent être placées.

Une stratégie possible consiste à commencer par placer une reine sur la ligne 1 de la colonne 1. Comme cette reine est unique, elle est hors de prise. L'étape suivante consiste à trouver une position sur la colonne 2 où l'on puisse placer la deuxième reine en sécurité. Une reine peut être placée sur la ligne 1 de la colonne 2, mais comme cette reine peut y être attaquée, le numéro de ligne est incrémenté de 1 et l'on essaye de placer la reine sur cette case. Ce processus continue, en avançant la reine jusqu'à ce que soit trouvée une position sûre dans la colonne. S'il se produit une situation où il est impossible de placer une reine en sécurité dans une colonne donnée, la reine dejà placée sur la colonne précédente est avancée sur la ligne suivante. Le processus entier se produit jusqu'à ce qu'une configuration complète soit trouvée.

Notons un petit point. Deux reines appartiennent à une même diagonale descendante si la différence entre leurs numéros de ligne et de colonne est la même. De la même façon, deux reines sont sur une même diagonale montante si les sommes de leurs numéros de ligne et de colonne respectifs sont identiques.

Une solution au problème des Huit Reines en ADA est donné dans l'exemple 6.1. Cette solution utilise un tableau appelé CØNFIGURATIØN pour mémoriser les numéros de lignes des reines hors prise dans les colonnes 1 à 8.

On a aussi introduit des tableaux à valeurs booléiennes. Pour toute ligne 1 à 8, le tableau LIGNE_SURE a la valeur FALSE ou TRUE selon que la ligne donnée a déjà ou non une reine placée quelque part sur la ligne. De la même façon, les tableaux DIAG_MONT_SURE et DIAG_DESC_SURE ont les valeurs FALSE ou TRUE selon qu'il y a ou non une autre reine sur la diagonale montante ou descendante donnée.

```
with SØR_ENT ;
procedure REINES is
      use SØR_ENT ;

      MIN_LIG : constant INTEGER := 1 ;
      MAX_LIG : constant INTEGER := 8 ;
      MIN_CØL : constant INTEGER := 1 ;
      MAX_CØL : constant INTEGER := 8 ;

      MIN_DIAG_MØNT : constant INTEGER := MIN_LIG + MIN_CØL ;
      MAX_DIAG_MØNT : constant INTEGER := MAX_LIG + MAX_CØL ;
      MIN_DIAG_DESC : constant INTEGER := MIN_LIG - MAX_CØL ;
      MAX_DIAG_DESC : constant INTEGER := MAX_LIG - MIN_CØL ;

      LARGEUR_CHAMP : constant INTEGER := 3 ;

      LIGNE_SURE     : array (MIN_LIG .. MAX_LIG)              of BØØLEAN ;
      DIAG_MØNT_SURE : array (MIN_DIAG_MØNT ..  MAX_DIAG_MØNT) of BØØLEAN ;
      DIAG_DESC_SURE : array (MIN_DIAG_DESC ..  MAX_DIAG_DESC) of BØØLEAN ;
      CØNFIGURATIØN  : array (MIN_CØL ..  MAX_CØL)             of INTEGER ;

      LIG : INTEGER ; CØL : INTEGER ;

      procedure EFFACER is
      begin
           LIGNE_SURE := (MIN_LIG ..  MAX_LIG                   => TRUE) ;
           DIAG_MØNT_SURE := (MIN_DIAG_MØNT ..  MAX_DIAG_MØNT => TRUE) ;
           DIAG_DESC_SURE := (MIN_DIAG_DESC .. MAX_DIAG_DESC  => TRUE) ;
      end ;
      procedure PLACER_REINE (LIG, CØL : INTEGER) is
      begin
           LIGNE_SURE (LIG)             := FALSE ;
           DIAG_MØNT_SURE (LIG + CØL)   := FALSE ;
           DIAG_DESC_SURE (LIG - CØL)   := FALSE ;
           CØNFIGURATIØN (CØL)          := LIG ;
      end ;
```

Exemple 6.1. : Une solution au problème des Huit Reines.

```
  procedure ØTER_REINE (LIG, CØL : INTEGER) is
        VACANTE : constant INTEGER := 0 ;
  begin
        LIGNE_SURE (LIG)              := TRUE ;
        DIAG_MØNT_SURE (LIG + CØL)    := TRUE ;
        DIAG_DESC_SURE (LIG - CØL)    := TRUE ;
        CØNFIGURATIØN (CØL)           := VACANTE ;
  end ;

  function HØRS_PRISE (LIG, CØL : INTEGER) return BØØLEAN is
  begin
        return LIGNE_SURE (LIG) and DIAG_MØNT_SURE (LIG + CØL)
               and DIAG_DESC_SURE (LIG - CØL) ;
  end ;

begin  -- programme principal
  LIG := 1 ; CØL := 1 ;
  EFFACER ;
  PUT ("PROGRAMME RESOLVANT LE PROBLEME DES HUIT REINES") ;
  while CØL <= MAX_CØL  loop
        while (LIG  <= MAX_LIG) and (CØL  <= MAX_CØL) loop
            if HØRS_PRISE (LIG, CØL) then
               PLACER_REINE (LIG, CØL) ;
               CØL := CØL +1 ;
               LIG := 1 ;
            else
               LIG := LIG + 1 ;
            end if ;
        end loop ;
   if LIG = MAX_LIG + 1 then
      CØL := CØL - 1 ;
      LIG := CØNFIGURATIØN (CØL) ;
      ØTER_REINE (LIG, CØL) ;
      LIG := LIG + 1 ;
   end if ;
end loop ;
     PUT ("REINES HORS-PRISE DANS LES LIGNES SUCCESSIVES") ;
     NEW_LINE ;
     for I in MIN_CØL .. MAX_CØL loop
         PUT (CØNFIGURATIØN(I), LARGEUR_CHAMP) ;
     end loop ;
end ;
```

I — L'élaboration des déclarations

En ADA, le processus par lequel une déclaration prend effet est appelé élaboration. En général, une partie déclarative n'a pas une signification purement statique. Par exemple, des expressions peuvent apparaître dans des déclarations et provoquer des effets de bords, ou bien un corps de logiciel peut avoir une partie initialisatrice. Ainsi, la signification complète d'une déclaration demande une définition soigneuse, exprimée par le concept d'élaboration.

Le principe fondamental et universel est celui de l'élaboration linéaire. Considérons la suite de déclarations :

```
MIN_LIG : constant INTEGER := 1 ;
MAX_LIG : constant INTEGER := 8 ;
LIGNE_SURE : array (MIN_LIG .. MAX_LIG) of BØØLEAN ;
```

Ici, l'élaboration de MIN_LIG et MAX_LIG permet d'utiliser ces constantes dans la déclaration du tableau LIGNE_SURE.

Plus généralement, une partie déclarative peut contenir des constituants variés, par exemple des déclarations de types, de variables ; des clauses "use" ; des corps de sous-programmes; etc... Ceci conduit à la règle d'élaboration linéaire :

. Les constituants d'une partie déclarative sont traités séquentiellement.

L'une des conséquences de cette règle est que, une fois qu'un identificateur a été introduit, il peut être utilisé dans des déclarations ultérieures de la même partie déclarative.

II — Imbrication et visibilité

Remarquez, sur l'exemple 6.1, que programmes et sous-programmes peuvent contenir des parties déclaratives, qui peuvent à leur tour contenir des déclarations, et les corps d'autres sous-programmes. Un tel emboîtement de textes d'unités de programmes est appelé imbrication.

L'imbrication répond à plusieurs objectifs de programmation. Le plus important d'entre eux est de permettre une organisation logique des unités de programme. On peut faire l'analogie avec une encyclopédie, où l'information est organisée en sujets et sous-sujets. A l'avenant, des unités liées peuvent être groupées et conservées ensemble, au niveau où l'on en a besoin.

L'imbrication permet aussi de donner des noms locaux à des objets déclarés localement, indépendamment de toute utilisation extérieure de ces noms. Le programmeur peut ainsi choisir les noms des éléments sans le souci de devoir garder distincts les noms des objets aux différents niveaux. Enfin, l'imbrication permet de partager la visibilité à l'information commune donnée dans les parties déclaratives extérieures.

Dans l'exemple 6.1, nous avons ainsi la structure générale :

```
      with SØR_ENT ;
      procedure REINES is
          use SØR_ENT ;
          -- déclaration de constantes globales ;
          -- déclaration des tableaux globaux ;
          -- déclaration de LIG et CØL.
      procedure EFFACER is
          ...
      end ;
      procedure PLACER_REINE (paramètres) is
          ...
      end ;
      procedure ØTER_REINE (paramètres) is
          ...
      end ;
      function HØRS_PRISE (paramètres) return BØØLEAN is
          ...
      end ;
begin
          -- instructions du programme principal
end ;
```

Le programme principal, la procedure REINES, contient quatre sous-programmes imbriqués. Chaque sous-programme fournit une opération conceptuelle utilisée dans la partie "instructions" du programme principal.

Noter que les noms des paramètres LIG ET CØL sont considérés comme locaux à la procédure dans laquelle ils sont donnés. Noter encore que la constante VACANTE de la procédure ØTER_REINE est aussi considérée comme locale à la procédure. D'autre part, les quatre tableaux d'états de l'échiquier, déclarés dans la procédure englobante REINES, sont utilisés dans les quatre sous-programmes imbriqués.

Cet exemple illustre deux règles fondamentales de l'imbrication :

. Tout élément déclaré à l'intérieur d'une unité de programme est local à cette unité.
. Une référence à un élément qui n'est pas déclaré dans l'unité de programme se rapporte à l'élément déclaré dans l'unité immédiatement englobante.

Noter que, suite à l'imbrication, une unité de programme peut donner une nouvelle signification à un identificateur déjà déclaré dans une unité extérieure. A l'intérieur de l'unité imbriquée, l'identificateur est associé à la nouvelle signification. Ainsi, la signification associée à un identificateur est toujours donné par la déclaration la plus interne de l'identificateur.

Un sous-programme peut aussi contenir des logiciels et, dans ce cas, les règles de visibilité doivent être étendues. En particulier, une fois qu'un logiciel a été déclaré, sa partie visible est disponible pour les autres unités de programme. Ceci peut se réaliser par une clause "use" dans une unité de programme subséquente, ou en utilisant la notation pointée.

De plus, le corps d'un logiciel a une visibilité directe sur sa partie visible. En ce cas, la partie visible du logiciel et la partie déclarative de son corps sont considérées comme une partie déclarative unique.
Quant aux logiciels, il n'y a aucune nécessité de les imbriquer, bien que dans ce cas des règles semblables s'appliquent. C'est-à-dire qu'un logiciel interne peut contenir des éléments déclarés localement, les éléments non déclarés localement se rapportant aux éléments d'un logiciel englobant.

III — La compilation séparée

Dans le développement d'un programme de grande envergure, l'on voudrait certainement utiliser plusieurs logiciels et de nombreuses procédures.
Ceci conduit à la première règle de base de la compilation séparée :

. Sous-programmes et logiciels peuvent être compilés séparément.

Au cours de notre discussion sur les sous-programmes (chapitre IV) et les logiciels (chapitre V), nous avions noté que toute unité de programme peut se décomposer en deux parties : (a) une déclaration, résumant les conventions d'appel de l'unité, et (b) un corps, indiquant l'implémentation. Ceci conduit à la deuxième règle de base :

. Le corps d'une unité de programme peut être compilé en tant qu'unité de compilation séparée.

Ceci s'applique aux corps des sous-programmes comme des logiciels.

Considérons le programme de l'exemple 6.2, qui est une solution revue au problème des Huit Reines. Ce programme est compilé en trois unités, indiquées par les lignes brisées séparant les trois unités.

La première unité, appelée LØGI_REINES, est une déclaration de logiciel pour un logiciel de constantes, variables et procédures d'usage général. Noter que la partie visible de ce logiciel ne nomme que les éléments susceptibles d'intéresser l'utilisateur. En particulier, il ne fait pas mention de la curieuse convention permettant de savoir si deux reines sont sur la même diagonale.

La troisième unité définit le corps du logiciel LØGI_REINES. Noter ici que ce corps contient la déclaration des tableaux permettant de contrôler l'état des reines. Une telle représentation est invisible pour l'utilisateur, le programme principal.

Les lignes brisées séparant les unités de compilation doivent rappeler à l'utilisateur que ces unités ne forment pas obligatoirement un texte continu. Les unités de compilation définissent collectivement un système de programmation unique ; par suite, on dit qu'elles forment une bibliothèque de programmes.

IV — Utilisation de la compilation séparée

Comme indiqué précédemment, dans un gros programme, l'on voudra normalement définir des sous-programmes et des logiciels utilisables par plusieurs unités de programme. Le nom d'une unité de programme compilée séparément peut être rendu visible à une autre unité de compilation en écrivant le nom de l'unité de programme dans une clause "with" de l'unité de compilation donnée.

Ainsi dans l'exemple 6.2, considérons l'unité :

```
package LØGI_REINES is
   ...
end ;
```

Ce logiciel est une collection indépendante de données et de sous-programmes, et n'a donc pas de liste de visibilité. D'autre part, ce logiciel peut être rendu accessible à d'autres unités, par exemple au programme principal :

```
with SØR_ENT, LØGI_REINES ;
procedure REINES is
   ...
end ;
```

Ici, la clause "with" nomme toutes les unités de programme visibles. Noter que le logiciel SØR_ENT est aussi inclus dans la clause "with", puisque le programme principal utilise les procédures d'entrée-sortie prédéfinies PUT et GET. Ces deux cas illustrent un point général. Sous-programmes et logiciels peuvent être conçus séparément, puis rendus sélectivement disponibles à d'autres unités de compilation écrites séparément.

Il faut soumettre les unités de compilation d'une bibliothèque de programmes au compilateur dans un ordre qui lui soit compréhensible. Autrement, l'on souhaite autant de liberté que possible.

Les règles régissant l'ordre dans lequel les unités de compilation doivent être compilées découlent directement des règles de visibilité.

. Une unité de compilation ne peut être compilée qu'après que toutes les unités visibles dans l'unité de compilation ont été compilées.

Autrement, l'ordre de compilation est arbitraire, et peut être laissé au programmeur.

L'effet de cette règle simple peut être illustré à l'aide du programme de l'exemple 6.2. Ainsi :

1. La déclaration de logiciel LØGI_REINES doit être compilée avant la procédure principale REINES.
2. La déclaration de logiciel LØGI_REINES doit être compilée avant son corps.

Nous supposons que le logiciel général SØR_ENT a déjà été compilé, comme c'est l'usage habituel.

```
package LØGI_REINES is

      MIN_LIG : constant INTEGER := 1 ;
      MAX_LIG : constant INTEGER := 8 ;
      MIN_CØL : constant INTEGER := 1 ;
      MAX_CØL : constant INTEGER := 8 ;

      CØNFIGURATIØN : array (MIN_CØL.. MAX_CØL) of INTEGER ;

      procedure EFFACER ;
      procedure PLACER_REINE (LIG, CØL : INTEGER) ;
      procedure ØTER_REINE (LIG, CØL : INTEGER) ;
      function HØRS_PRISE (LIG, CØL : INTEGER) return BØØLEAN ;
end ;
---------------------
with SØR_ENT, LØGI_REINES ;
procedure REINES is
      use SØR_ENT, LØGI_REINES ;
      LARGEUR_CHAMP : constant INTEGER := 3 ;
      LIG, CØL : INTEGER ;
begin
      LIG := 1 ; CØL := 1 ;
      EFFACER ;
      PUT ("PRØGRAMME RESØLVANT LE PRØBLEME DES HUIT REINES") ;
      while CØL <= MAX_CØL loop
         while (LIG <= MAX_LIG) and (CØL <= MAX_CØL) loop
            if HØRS_PRISE (LIG, CØL) then
               PLACER_REINE (LIG, CØL) ;
               CØL := CØL + 1 ;
               LIG := 1 ;
            else
               LIG := LIG + 1 ;
            end if ;
         end loop ;
         if LIG = MAX_LIG + 1 then
            CØL := CØL-1 ;
            LIG := CØNFIGURATIØN (CØL);
            ØTER_REINE (LIG, CØL) ;
            LIG := LIG + 1 ;
         end if ;
```

Exemple 6.2. : Une autre solution au problème des Huit Reines.

```
        end loop ;
        PUT ("REINES HORS PRISE DANS LES LIGNES SUCCESSIVES : ") ;
        NEW_LINE ;
        for I in MIN_CØL .. MAX_CØL loop
           PUT (CØNFIGURATIØN(I), LARGEUR_CHAMP) ;
        end loop ;
end ;
-------------------------
package body LØGI_REINES is
     MIN_DIAG_MØNT : constant INTEGER := MIN_LIG + MIN_CØL ;
     MAX_DIAG_MØNT : constant INTEGER := MAX_LIG + MAX_CØL ;
     MIN_DIAG_DESC : constant INTEGER := MIN_LIG - MAX_CØL ;
     MAX_DIAG_DESC : constant INTEGER := MAX_LIG - MIN_CØL ;

     LIGNE_SURE      : array (MIN_LIG .. MAX_LIG)             of BØØLEAN ;
     DIAG_MØNT_SURE  : array (MIN_DIAG_MØNT .. MAX_DIAG_MØNT) of BØØLEAN ;
     DIAG_DESC_SURE  : array (MIN_DIAG_DESC .. MAX_DIAG_DESC) of BØØLEAN ;
     procedure EFFACER is
     begin
         LIGNE_SURE     := (MIN_LIG .. MAX_LIG             => TRUE) ;
         DIAG_MØNT_SURE := (MIN_DIAG_MØNT .. MAX_DIAG_MØNT => TRUE) ;
         DIAG_DESC_SURE := (MIN_DIAG_DESC .. MAX_DIAG_DESC => TRUE) ;
     end ;
     procedure PLACER_REINE (LIG, CØL : INTEGER) is
     begin
         LIGNE_SURE (LIG)           := FALSE ;
         DIAG_MØNT_SURE (LIG + CØL) := FALSE ;
         DIAG_DESC_SURE (LIG - CØL) := FALSE ;
         CØNFIGURATIØN (CØL)        := LIG ;
     end ;
     procedure ØTER_REINE (LIG, CØL : INTEGER) is
         VACANTE : constant INTEGER := 0 ;
     begin
         LIGNE_SURE (LIG)           := TRUE ;
         DIAG_MØNT_SURE (LIG + CØL) := TRUE ;
         DIAG_DESC_SURE (LIG - CØL) := TRUE ;
         CØNFIGURATIØN (CØL)        := VACANTE ;
     end ;
```

```
        function HØRS_PRISE (LIG, CØL : INTEGER) return BØØLEAN is
        begin
                return LIGNE_SURE (LIG) and DIAG_MØNT_SURE(LIG + CØL)
                          and DIAG_DESC_SURE (LIG - CØL) ;
        end ;
end ;
```

Exemple 6.2. (suite et fin) :

En dehors de l'ordre requis pour la compilation, il reste au programmeur un choix considérable. Ainsi, dans l'exemple 6.2, le corps du logiciel LOGI_REINES et la procédure principale REINES peuvent être compilés dans un ordre quelconque.

Dans tout système de programmes, corrections et modifications de programmes nécessitent la recompilation d'unités de compilation. Dans de gros systèmes, il peut même y avoir des milliers de modifications à un programme. Evidemment, en recompilant une unité, l'on peut altérer une information visible pour d'autres unités ; toute unité utilisant cette information peut alors être affectée par ce changement.

La règle de recompilation découle donc des règles de visibilité :

. une unité de compilation doit être recompilée à chaque fois qu'une unité visible dans l'unité de compilation est recompilée.

Autrement, aucune autre recompilation n'est requise.

Dans le programme des Huit Reines, par exemple, le recompilation de la déclaration de logiciel LOGI_REINES nécessite la recompilation de la procédure principale et du corps du logiciel. La recompilation de la procédure principale n'entraîne aucune autre recompilation. De la même façon, la recompilation du corps du logiciel n'entraîne aucune autre recompilation.

Nous constatons que, grâce à une organisation judicieuse des unités de compilation, l'effet des modifications de programme peut être étroitement contrôlé. De plus, une modification à une unité donnée ne demande pas nécessairement une cascade de recompilations d'autres unités.

V — Conclusion

Ainsi s'achève le deuxième niveau de cette introduction à ADA.

On retrouve l'analogue des outils présentés jusqu'ici dans bien d'autres langages, et ils sont donc utilisables dans une large gamme d'applications informatiques.

Les chapitres suivants décrivent les outils nécessaires à de nombreuses applications spécialisées mais délicates. Souvent, nous reprendrons, en les développant, des outils déjà décrits pour satisfaire à ces besoins.

7

RETOUR SUR LES TYPES

Dans le chapitre II, nous avions présenté les idées de base sous-jacentes aux types en ADA, ainsi que les types scalaires prédéfinis, les types énumérés et les types tableaux. ADA est richement équipé en fait de types, sans doute plus que tout autre langage de programmation. Notre propos se poursuit ici.

I — Les enregistrements

Le programmeur doit souvent manipuler des objets ayant un certain nombre de composantes. Par exemple, un (hypothétique) permis de conduire peut être un objet comprenant les éléments suivants :

```
Nom du conducteur : un nom qui se décompose en
    Nom de famille  : une chaîne de 10 caractères
    Prénom          : une autre chaîne de 10 caractères
Numéro du permis  : un nombre entier
Date d'obtention  : une date calendaire qui se décompose en
    Jour du mois    : un entier de 1 à 31
    Mois de l'année : l'un des 12 mois de janvier à décembre
    Année           : un entier.
```

Nous compliquerons ultérieurement ce modèle lors de l'introduction des structures avec variantes.

Le type à utiliser pour des groupes d'objets interdépendants est appelé type enregistrement (record). Un enregistrement contient un nombre fixe de composantes, chacune ayant un nom et une valeur. Au contraire des types tableaux, les composantes d'un enregistrement peuvent avoir des types différents.

Considérons, par exemple, la définition d'enregistrement suivante :

```
record
   PRENØM : STRING(1..10) ;
   NØM    : STRING(1..10) ;
end record ;
```

Cette définition décrit une structure d'enregistrement à deux composantes, donnant les deux parties du nom d'un individu. Comme pour toute définition de type, cette définition peut recevoir un nom par une déclaration de type, et être utilisée dans des déclarations ultérieures. Ceci conduit aux déclarations suivantes, qui reflètent notre définition intuitive d'un permis de conduire donnée ci-dessus :

```
type NØM_MØIS is (JAN, FEV, MAR, AVR, MAI, JUN, JUL, AØU, SEP, ØCT, NØV, DEC) ;
type IDENTITE is
      record
         NØM : STRING(1..10) ;
         PRENØM : STRING(1..10) ;
      end record ;
type DATE is
      record
         JØUR   : INTEGER ;
         MØIS   : NØM_MOIS ;
         ANNEE  : INTEGER ;
      end record ;
type PERMIS is
      record
         CØNDUCTEUR : IDENTITE ;
         NØ_PERMIS  : INTEGER ;
         DATE_ØBTENTIØN : DATE ;
      end record ;
```

On peut à présent déclarer une variable de type PERMIS, comme suit :

```
      MØN_PERMIS : PERMIS ;
```

L'opération de base sur les types enregistrements est la sélection d'une composante. Ainsi, pour désigner le numéro de permis de MØN_PERMIS, l'on peut écrire :

```
      MØN_PERMIS . NØ_PERMIS
```

Remarquer que MØN_PERMIS . CØNDUCTEUR est aussi un enregistrement, et qu'il est donc légitime d'écrire :

```
      MØN_PERMIS . CØNDUCTEUR . PRENØM
```

Grâce à cette sélection de composante, on peut se référer aux composantes d'une variable enregistrement comme l'on se réfère aux composantes d'un tableau. Par exemple, l'on peut écrire :

```
MØN_PERMIS . CØNDUCTEUR := "VILLENEUVE" ;
```

Enfin, comme pour les tableaux, l'affectation et le contrôle d'égalité sont autorisés pour des enregistrements entiers de types identiques. Par exemple, si l'on déclare :

```
DATE_DU_JØUR, DATE_NAISSANCE : DATE ;
```

alors

```
(DATE_DU_JØUR = DATE_NAISSANCE)
```

sera vrai seulement si toutes les composantes en correspondance de DATE_DU_JØUR et DATE_NAISSANCE ont des valeurs identiques.

Comme pour les tableaux, on peut utiliser des agrégats pour désigner les valeurs d'enregistrements complets. Par exemple, on peut affecter une date à DATE_NAISSANCE à l'aide d'un agrégat positionnel :

```
DATE_NAISSANCE := (4, SEP, 1976) ;
```

où, de manière équivalente, à l'aide d'un agrégat nommé :

```
DATE_NAISSANCE := (MØIS => SEP, JØUR => 4, ANNEE => 1976) ;
```

Enregistrements à structure paramétrée

La structure d'un enregistrement peut se caractériser par un ou plusieurs paramètres, appelés sélecteurs. Soit :

```
type TAMPØN (TAILLE : INTEGER) is
     record
          PØSITION : INTEGER ;
          VALEUR : STRING (1..TAILLE) ;
     end record ;
```

Cette déclaration définit un type d'enregistrement comportant deux composantes, un entier et une chaîne. Ce type admet un paramètre, TAILLE, qui sert à déterminer la taille de la chaîne. On peut déclarer des objets de ce type en imposant une valeur spécifique (ou contrainte) au sélecteur. Ainsi, l'on peut écrire :

```
PETIT_TAMPØN : TAMPØN(TAILLE ⇒ 100) ;
GRØS_TAMPØN  : TAMPØN(TAILLE ⇒ 1000) ;
```

Ces deux variables sont de type TAMPØN. Dans le premier cas, 100 caractères sont autorisés, et 1000 dans le second.

Enregistrements avec variantes

Comme indiqué auparavant, il y a des cas où l'on peut avoir besoin d'informations supplémentaires lorsqu'une autre composante de l'enregistrement a une certaine valeur. Dans l'exemple du permis de conduire, on peut avoir besoin d'informations complémentaires selon la nature du permis. Ce type d'enregistrement avec variantes doit comporter un sélecteur et une partie variable. La partie variable donne les diverses sous-structures correspondant aux valeurs possibles du sélecteur.

Soit la définition suivante d'un permis de conduire américain :

```
type NATURE is (NØRMAL, LIMITE, SPECIAL, TIP) ;
type PERMIS_US(CØDE_PERMIS : NATURE) is
      record
          CØNDUCTEUR : IDENTITE ;
          NØ_PERMIS : INTEGER ;
          DATE_EXPIRATIØN : DATE ;
          case CØDE_PERMIS is
             when SPECIAL ⇒
                TYPE_VEHICULE : INTEGER ;
                PASSAGERS     : BØØLEAN ;
                CØDE_ZØNE     : INTEGER ;
             when LIMITE  ⇒
                VERRES_CØRRECTEURS : BØØLEAN ;
                DE_JØUR_SEULEMENT  : BØØLEAN ;
                TRANSMISSIØN_AUTØ  : BØØLEAN ;
             when NØRMAL | TIP ⇒
                null ;
          end case ;
      end record ;
```

et la déclaration de variable :

```
MØN_PERMIS : PERMIS_US(CØDE_PERMIS => SPECIAL) ;
```

Ici, CØDE_PERMIS est utilisé comme sélecteur, et la structure de choix :

```
case CØDE_PERMIS is
     when SPECIAL  =>  -- composantes pour un permis spécial
     when LIMITE   =>  -- composantes pour un permis limité
     when NØRMAL | TIP => -- composantes pour les autres types de permis
end case ;
```

définit les différentes sous-structures. Lorsque la valeur du sélecteur est SPECIAL, figure l'information concernant un type particulier de véhicule ; quand sa valeur est LIMITE, figure l'information concernant un permis limité. Remarquer qu'une variante peut être spécifiée par "null", ce qui indique qu'il n'y a pas d'information complémentaire. En particulier, lorsque le sélecteur CØDE_PERMIS a la valeur NØRMAL ou TIP, la variante est explicitement établie comme vide.

Une fois qu'une variable d'enregistrement a reçu une valeur d'enregistrement comportant une valeur donnée du sélecteur (et a donc la variante de sous-structure indiquée par ce sélecteur), le sélecteur de cette valeur d'enregistrement ne peut plus être modifié.

Les composantes d'une variante sont référencées de la même manière que les autres composantes. Par exemple, de même que :

```
MØN_PERMIS . NØ_PERMIS
```

désigne la composante "numéro de permis" de MØN_PERMIS,

```
MØN_PERMIS . TYPE_VEHICULE
```

désigne le numéro de type de véhicule de MØN_PERMIS. Dans ce dernier cas, naturellement, MØN_PERMIS doit avoir le code de permis SPECIAL.

II — Les types à structure dynamique

De nombreuses applications exigent la création d'objets pendant l'exécution du programme et l'expression dynamique de leurs relations avec d'autres objets. De telles situations se rencontrent typiquement lorsqu'on veut manipuler des collections variables dynamiquement d'objets associés, par exemple les noeuds d'un réseau, les composantes d'une base de données, les maillons d'une liste chaînée, ou les membres d'un arbre généalogique. Ces applications peuvent se traiter à l'aide de types pointeurs (access), qui permettent l'accès à des objets créés dynamiquement.

Soit par exemple les déclarations suivantes :

```
type QUIDAM ;   -- déclaration incomplète
type PTR_QUIDAM is access QUIDAM ;
type QUIDAM is
     record
          NØM    : STRING(1..10) ;
          NUM_ID : INTEGER ;
          PRØCHE_PARENT : PTR_QUIDAM ;
     end record ;
MEMBRE, DERNIER_NE : PTR_QUIDAM ;
```

L'on peut considérer un objet de type PTR_QUIDAM comme une référence (ou pointeur) à un objet de type QUIDAM, lequel à son tour est formé de trois composantes :

1 : une chaîne de 10 caractères ;
2 : une valeur entière ;
3 : une référence à une autre personne.

La déclaration quelque peu incongrue :

```
type QUIDAM ;
```

s'appelle une déclaration de type incomplète. Sa présence est exigée par la règle, en ADA, selon laquelle tout élément doit être déclaré avant son utilisation.

Pour les types pointeurs, une référence à aucun objet se représente par null. Par exemple, pour initialiser une famille sans membres, DERNIER_NE peut être initialisé comme une référence à aucun objet par l'affectation :

```
DERNIER_NE := NULL ;
```

La création d'objets pointés se réalise par l'opération new. Considérons les instructions :

```
MEMBRE := new QUIDAM(NØM              ⇒ "ADAM       ",
                     NUM_ID           ⇒ 00_000_001   ,
                     PRØCHE_PARENT    ⇒ null) ;
DERNIER_NE := MEMBRE ;
```

La première instruction crée un nouvel objet comportant les trois composantes données par l'enregistrement agrégat, et affecte à MEMBRE une référence à cet objet. La seconde instruction affecte la même référence à DERNIER_NE. Noter que la troisième composante de l'objet associé à MEMBRE est "null". L'on peut illustrer la situation ainsi :

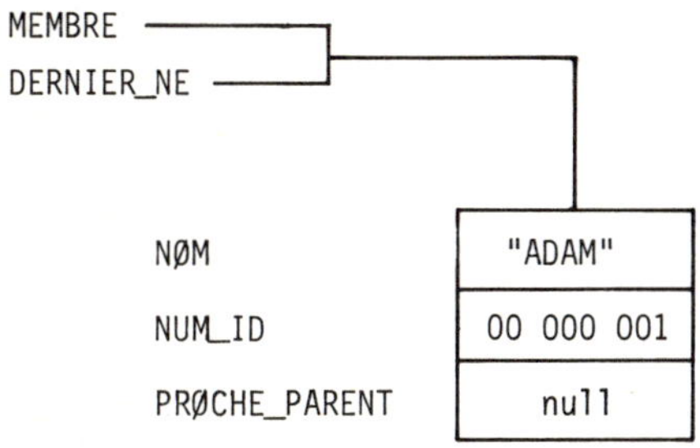

Les composantes des objets pointés se désignent de la même manière que les objets non pointés. Par exemple, considérons les instructions :

```
MEMBRE := new QUIDAM (NØM              ⇒ "EVE        " ,
                      NUM_ID           ⇒  00_000_002   ,
                      PRØCHE_PARENT    ⇒ DERNIER_NE) ;
DERNIER_NE . PRØCHE_PARENT := MEMBRE ;
DERNIER_NE                 := MEMBRE ;
```

Ici, l'instruction :

```
DERNIER_NE . PRØCHE_PARENT := MEMBRE ;
```

permet à la troisième composante de l'objet associé à Adam de faire désormais référence à Eve.

La situation qui en résulte peut se représenter ainsi :

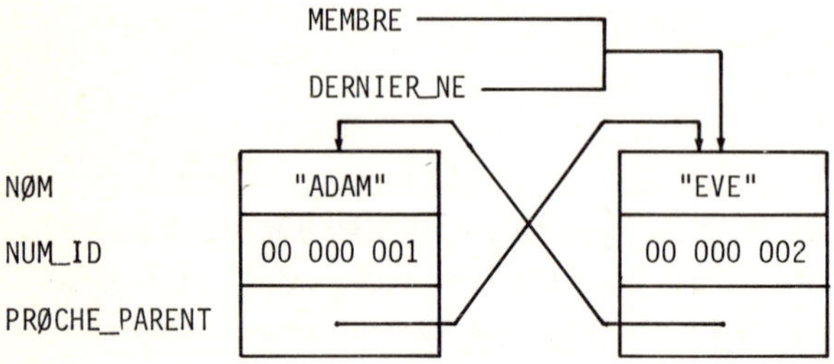

Maintenant que notre famille comporte deux membres, l'on peut voir le développement de relations dynamiques pendant l'exécution du programme. Les troisièmes composantes d'Adam et d'Eve font maintenant référence l'un à l'autre, et DERNIER_NE reste une référence à la personne née en dernier lieu.

III — Types dérivés

Il n'est pas inhabituel d'avoir plusieurs classes distinctes de valeurs munies de propriétés et d'opérateurs semblables. Par exemple, l'on peut souhaiter représenter les francs et les dollars canadiens comme des entiers, et utiliser les propriétés arithmétiques normales des entiers dans l'exécution des calculs. Cependant, francs et dollars forment des classes de valeurs distinctes. Comme pour toute paire de types distincts, l'on ne veut pas ajouter des dollars à des francs. Cette idée se traduit par la notion de type dérivés.

Considérons, par exemple, les déclarations de types :

```
type FRANCS is new INTEGER ;
type DØLLARS is new INTEGER ;
type NØ_ANNEE is new INTEGER ;
```

Ces déclarations définissent trois types distincts. Chaque type a les mêmes propriétés et les mêmes valeurs que le type INTEGER. Par exemple, on peut écrire :

```
SALAIRE, PRIME : FRANCS ;
SALAIRE := 10_000 ;
PRIME := 1_000 ;
SALAIRE := SALAIRE + PRIME ;
```

Cependant, les trois types sont distincts et, comme pour tous les types distincts, ne peuvent être mélangés. En particulier, si l'on a :

```
IMPØRTATIØNS : DØLLARS ;
CETTE_ANNEE : NØ_ANNEE ;
```

on ne peut pas écrire :

```
SALAIRE := SALAIRE + CETTE_ANNEE ;  -- addition illégale de francs à une année
SALAIRE := IMPØRTATIØNS;            -- affectation illicite de dollars à des francs
```

De manière générale, un type appelé B peut être dérivé d'un type existant appelé A par une déclaration de la forme :

```
type B is new A ;
```

Une telle déclaration signifie que le type B a les mêmes valeurs, les mêmes propriétés, et les mêmes opérations que A. Mais les deux types sont conceptuellement distincts et ne peuvent être mélangés.

Enfin, le lecteur peut avoir observé qu'à strictement parler, francs et dollars ne devraient pas être définis comme des entiers, puisqu'il n'est pas correct de multiplier deux sommes en francs ou en dollars. Pour définir de tels types sous une forme rigoureuse, on peut utiliser la notion de type privé (voir le chapitre V).

IV — Contraintes sur les types

Il y a naturellement de nombreux cas où des variables sont d'un type commun, mais où les valeurs que peuvent prendre les variables sont maintenues entre certaines limites. Par exemple, on peut savoir que la valeur d'une variable entière doit rester dans un intervalle particulier, ou qu'une variable caractère ne peut représenter que certains caractères. Pour traiter ce type de situation, ADA offre le concept de type avec contrainte.

L'utilisation la plus courante des contraintes consiste sans doute à restreindre l'intervalle de valeurs d'une variable. Soit les déclarations suivantes :

```
PØS_CØLØNNE : INTEGER range 1 .. 80 ;
LETTRE_SUIV : CHARACTER range 'A' .. 'Z' ;
```

Ici, la variable PØS_CØLØNNE est de type INTEGER, mais on la restreint aux valeurs de 1 à 80. La variable LETTRE_SUIV est de type CHARACTER, mais ses valeurs sont restreintes aux lettres de l'alphabet.

On peut appliquer des contraintes d'intervalle à n'importe quel type scalaire, y compris les types énumérés définis par l'utilisateur et les types réels. Ainsi, l'on peut écrire :

```
JØUR_ØUVRE : JØUR range LUN..VEN ;
JØUR_REPØS : JØUR range SAM..DIM ;
PØIDS      : FLØAT range 0.0..300.0 ;
HAUTEUR    : FLØAT range 0.0..7.0 ;
```

Outre une clarification des intentions du programmeur, le rôle majeur des contraintes est d'assurer une plus grande sécurité à l'affectation. Toute infraction à une contrainte est signalée lors de l'exécution en suscitant une condition exceptionnelle (voir chapitre X). La spécification d'une contrainte garantit que toute erreur se produisant par inadvertance au cours d'un calcul sera détectée au point d'infraction.

L'utilisation de contraintes est très générale, et peut s'appliquer à d'autres types de base du langage. Comme indiqué auparavant, pour les enregistrements, si un type enregistrement contient des sélecteurs, une contrainte de sélecteur s'utilise pour imposer une variante déterminée à une variable enregistrement. Par exemple, si un permis à le statut "special", cette information peut s'indiquer par :

```
MØN_PERMIS : PERMIS_US (CØDE_PERMIS => SPECIAL) ;
```

La contrainte s'exprime ici sous la forme d'un enregistrement agrégat incomplet, ne mentionnant que les valeurs des sélecteurs.

Si la possibilité de spécifier des contraintes sur les types est utile, la connaissance sur le partage de propriétés spéciales devrait être isolé. Soit par exemple les déclarations de variables :

```
CAR_INIT : CHARACTER range 'A'..'Z' ;
INITIALE : CHARACTER range 'A'..'Z' ;
```

qui pourraient apparaître en deux endroits très éloignés d'un programme. Les deux variables ci-dessus sont de même type et subissent la même contrainte ; pourtant cette information est répétée.

De même que la connaissance sur les types peut être isolée et nommée dans une déclaration de type, on peut utiliser une déclaration de sous-type (subtype) pour factoriser et nommer les contraintes sur un type. Considérons les déclarations suivantes :

```
subtype LETTRE is CHARACTER range 'A'..'Z' ;
CAR_INIT : LETTRE ;
INITIALE : LETTRE ;
```

Le sous-type LETTRE sert d'abréviation au type CHARACTER associé à la contrainte que le caractère doit être une lettre de l'alphabet. Il est important de noter que le sous-type ne définit jamais un nouveau type. Le type spécifié par un sous-type s'obtient à partir de l'indication du type ou sous-type suivant le is. Par exemple, dans :

```
subtype LETTRE is CHARACTER range 'A'..'Z' ;
subtype HEXA   is LETTRE    range 'A'..'F' ;
CAR_SUIV : HEXA ;
```

LETTRE est de type CHARACTER, de même que HEXA. Par suite, CAR_SUIV est de type CHARACTER.

L'on peut maintenant expliciter la définition du type prédéfini STRING, et l'utiliser pour illustrer une autre forme de contraintes, les contraintes d'indice :

```
subtype NATURAL is INTEGER range 1..INTEGER'LAST ;
type    STRING  is array (NATURAL range <> ) of CHARACTER ;
```

Le sous-type NATURAL désigne les nombres entiers naturels et, comme mentionné auparavant, STRING caractérise les chaînes de caractères, c'est-à-dire des tableaux de caractères dont les bornes sont des entiers naturels. Pour un objet de type STRING, les bornes effectives peuvent être indiquées lors de sa déclaration par une contrainte d'indice. Par exemple :

```
CARTE : STRING(1..80) ;
```

indique que CARTE est un tableau de type STRING. De plus, la contrainte d'indice (1..80) indique que 1 est la borne inférieure et 80 la borne supérieure.

La possibilité de déclarer et de nommer des sous-types complète la possibilité équivalente pour les types. Considérons par exemple les déclarations de sous-types suivantes :

```
subtype JØUR_ØUVRE    is JØUR range LUN..VEN ;
subtype FIN_DE_SEMAINE is JØUR range SAM..DIM ;
subtype PRINTEMPS     is MØIS range MAR..JUIN ;
subtype ØFFICIER      is GRADE range LIEUTENANT..GENERAL ;
subtype NØ_ETAGE      is INTEGER range 1..33 ;
subtype PERMIS_SPECIAL is PERMIS_US (CØDE_PERMIS => SPECIAL) ;
subtype PERMIS_TIP    is PERMIS_US (CØDE_PERMIS => TIP) ;
```

L'on appreciera le caractère expressif de l'usage des sous-types pour décrire nos connaissances au sujet des types.

La différence entre les types et les sous-types peut être résumée comme suit. L'on utilise les types pour répartir différentes catégories d'objets en classes distinctes. Cette répartition est rigoureuse, et l'on ne peut mélanger des objets de types différents. L'on utilise des sous-types pour décrire des objets de type commun, mais dont les valeurs sont soumises à des contraintes individuelles. Des objets de différents sous-types du même type peuvent être mélangés au sein d'une expression et affectés à d'autres variables du même type, aussi longtemps que les contraintes sont respectées.

Résumé

Terminons ce tour d'horizon des types par quelques commentaires. Le mécanisme des types en ADA, pris dans son ensemble, quoiqu'intimidant à n'en pas douter, est très puissant. Il comporte un certain nombre de types prédéfinis, ainsi que la possibilité de définir des types énumérés, des types tableaux, et des types enregistrements. L'on peut définir des structures évoluant dynamiquement grâce aux types pointés, et dériver de nombreux types à partir de types existants. De plus, le programmeur peut définir de nombreux types, chacun construit à partir de types définis auparavant ; et il existe peu de limites conceptuelles. Quelques exemples de définitions de types sont donnés dans la Table 7.1.

En général, les types permettent d'élaborer des unités conceptuelles permettant de modéliser le monde réel avec précision et clarté. Ce qui sous-tend l'utilisation des types, c'est la garantie que les propriétés d'un type déclarées par le programmeur seront respectées durant l'exécution du programme. De plus, toute infraction aux contraintes sur les valeurs d'un type sera signalée.

Table 7.1

Exemples de types

```
-- types énumérés
type JØUR    is (LUN, MAR, MER, JEU, VEN, SAM, DIM) ;
type PIECE   is (CENTIME, NICKEL, DECIME, QUART, DEMI_DØLLAR, DØLLAR) ;
type CØDE_ØP is (ADD, SUB, MUL, LDA, STA, STZ) ;

-- types réels
type CØEFFICIENT is digits 10 ;
type VØLTAGE     is delta 0.1 range 0.0..10.0 ;

-- types dérivés
type FRANCS is new INTEGER ;
type NØ_ANNEE is new INTEGER ;

-- sous-types
subtype JØUR_ØUVRE is JØUR range LUN..VEN ;
subtype LETTRE     is CHARACTER range 'A'..'Z' ;
subtype PØS_CAR    is INTEGER range 1..72 ;

-- types enregistrements
type DATE is
     record
        NØ_JØUR  : INTEGER range 1..31 ;
        NØM_MØIS : MØIS ;
        NØ_ANNEE : INTEGER range 0..2000 ;
      end record ;

type INSTRUCTION is
      record
         ØPERATION : CØDE_ØP ;
         REGISTRE  : INTEGER range 1..12 ;
         ADRESSE   : INTEGER ;
      end record ;
```

Table 7.1 (suite)

```
type TAMPØN (TAILLE : INTEGER) is
      record
          PØSITIØN : INTEGER ;
          VALEUR : STRING (1..TAILLE) ;
      end record ;

-- types tableaux
type VECTEUR is array (1..100)                  of FLØAT;
type MATRICE_CØEF is array (1..N, 1..N)         of CØEFFICIENT ;
type PILE_INSTRUCTIØNS is array (1..TAILLE_PILE) of INSTRUCTIØN ;

-- types pointés
type QUIDAM ;
type PTR_QUIDAM is access QUIDAM ;
type QUIDAM is
      record
          NØM : STRING(1..10) ;
          NUM_ID : INTEGER ;
          PRØCHE_PARENT : PTR_QUIDAM ;
      end record ;
```

8

LES ENTRÉES-SORTIES

Il existe trois méthodes principales pour gérer les entrées-sorties de données dans les langages de programmation :

1) Spécifications de format : Les spécifications de format se fondent sur l'idée qu'un ordre d'entrée/sortie est associé à une description de format qui spécifie la disposition des valeurs des données et l'espacement utilisé. Ce point de vue est utilisé en Fortran et en PL/1.

2) Spécifications d'image (picture) : Avec les déclarations d'images, tout élément de donnée déclaré est associé à une clause d'image décrivant la forme externe qu'un tel élément présenterait en entrée ou en sortie. Ce point de vue apparaît en Cobol et en PL/1.

3) Sous-programmes spécialisés : Ici, la disposition des données pour différentes sortes d'éléments de données est spécifiée dans des sous-programmes spécialisés. Par exemple, on peut avoir un sous-programme pour écrire les entiers, et un autre pour les chaînes de caractères. Ce point de vue apparaît en Simula 67, Pascal et Algol 68.

Dans cette troisième forme d'entrée/sortie, on ne trouve rien qui ait la mine d'un format ou d'une spécification d'image. L'espacement et la disposition des données est entièrement géré par le sous-programme particulier qui est appelé. C'est l'approche retenue en ADA.

I — Impression d'une liste de prix

Dans la discussion qui va suivre, on s'intéresse à un programme imprimant un état simple. L'exemple 8.1 illustre une liste de prix élémentaire comprenant deux colonnes de données. La première colonne indique la quantité vendue d'un produit, et la seconde le prix correspondant à la quantité, étant donné un prix unitaire fixé. Notre problème est de reproduire cette liste de prix excactement comme indiqué :

```
                    TARIF
                    -----


   CODE ARTICLE  : 1234
   ARTICLE       : BIDULE
   PRIX UNITAIRE : 4.36

         QUANTITE               PRIX
         --------               ----

               1                 4.36
               2                 8.72
               3                13.08
               4                17.44
               5                21.80

               6                26.16
               7                30.52
               8                34.88
               9                39.24
              10                43.60

              11                47.96
              12                52.32
              13                56.68
              14                61.04
              15                65.40

              16                69.76
              17                74.12
              18                78.48
              19                82.84
              20                87.20
```

Exemple 8.1. : Un état type.

L'exemple 8.2 présente une solution à ce problème en ADA. L'idée générale en est que, pour toute opération typographique conceptuellement différente, on utilise une procédure spécialisée. Par exemple, si l'on veut écrire un entier, on appelle une procédure imprimant les entiers. Cette procédure peut avoir un paramètre indiquant la taille de l'entier en nombre de caractères.

Soit la séquence d'appels de procédures suivante :

```
PUT("CØDE ARTICLE : 1234") ;
NEW_LINE ;
```

Ici, la procédure PUT admet un argument qui est une chaîne de caractères ; elle affiche la chaîne sur un périphérique de sortie. La procédure suivante, NEW_LINE, remplit le reste de la ligne par des blancs et avance au début de la ligne suivante.

La commande de la disposition exacte des éléments de données se gere par des paramètres spécifiant les largeurs de champs appropriées. Considérons, par exemple, l'appel de procédure suivant :

```
PUT (FRANCS, 2) ;
```

On imprime ici un entier dans un champ de deux chiffres. Dans le cas où il n'y a qu'un seul chiffre, celui-ci est cadré à droite.

II — Utilisation de sous-programmes spécialisés

L'utilisation de procédures spécialisées pour les entrées/sorties présente un certain nombre d'avantages. En premier lieu, on peut se dispenser des spécifications explicites de format ou d'image, et traiter les entrées/sorties à l'aide d'un outil d'ADA déjà défini, les sous-programmes. Ainsi, le programmeur n'a pas à apprendre de nouvelles particularités du langage. De plus, les détails des entrées/sorties peuvent se résumer en termes d'une abstraction familière, l'appel d'un sous-programme.

Un autre avantage de cette approche réside dans le fait que l'utilisateur voudra généralement définir des sous-programmes spéciaux d'entrée/sortie, spécifiques à une application. De tels sous-programmes s'harmoniseront avec ceux qui sont prédéfinis dans le langage.

Considérons, par exemple, les appels de sous-programme :

```
SET_CØL(6) ;           -- positionnement en colonne 6
PUT("QUANTITE") ;      -- impression de la chaîne donnée
```

Ces deux appels font référence à des sous-programmes d'entrée/sortie qui sont prédéfinis en ADA. D'autre part, considérons :

```
SAUT(7) ;         -- espacement de 7 colonnes vers la droite
IMP_TITRE ;       -- impression d'un titre
```

Ces deux appels font référence à des sous-programmes d'entrée/sortie qui sont définis par l'utilisateur.

```
with SØR_ENT ;
procedure TARIF is
      use SØR_ENT ;
      procedure IMP_TITRE is
      begin
          NEW_LINE(4) ;
          SET_CØL(19) ; PUT("TARIF") ; NEW_LINE ;
          SET_CØL(19) ; PUT("-----") ;
          NEW_LINE(5) ;
          PUT("CØDE ARTICLE  : 1234"); NEW_LINE ;
          PUT("ARTICLE       : BIDULE"); NEW_LINE ;
          PUT("PRIX UNITAIRE : 4.36") ; NEW_LINE ;
      end ;
      procedure IMP_CØL_ENTETE is
      begin
          NEW_LINE ;
          SET_CØL(6) ; PUT("QUANTITE"); SET_CØL(26) ; PUT("PRIX") ; NEW_LINE ;
          SET_CØL(6) ; PUT("--------");    SET_CØL(26) ; PUT("----") ; NEW_LINE ;
      end ;
      procedure IMP_PRIX is
          PRIX_UNIT  : constant INTEGER := 436 ;
          PRIX, FRANCS, CENTIMES : INTEGER ;

      begin
          for GRØUPE in 1..4 loop
              NEW_LINE ;
              for QUANTITE in (5 * GRØUPE-4)..(5 * GRØUPE) loop
                  PRIX := QUANTITE * PRIX_UNIT ;
                  FRANCS := PRIX/100 ;
                  CENTIMES := PRIX rem 100 ;
                  SET_CØL(9) ; PUT(QUANTITE,2) ; SET_CØL(25) ;
                  PUT(FRANCS,2) ; PUT('.') ;
                  if CENTIMES <10 then
                     PUT('0') ; PUT(CENTIMES,1) ;
                  else
```

Exemple 8.2. : Programme imprimant un état simple.

```
                    PUT(CENTIMES,2) ;
                 end if ;
                 NEW_LINE ;
              end loop ;
           end loop ;
        end ;
begin   -- programme principal
      IMP_TITRE ;
      IMP_CØL_ENTETE ;
      IMP_PRIX ;
end ;
```

Nous retrouvons, au sujet de ces sous-programmes spécialisés, deux caractéristiques d'ADA mentionnées auparavant qui sont utilisées de façon intensive dans les entrées/sortie : ce sont l'homonymie ("extension"), et les paramètres par défaut.

Homonymie de sous-programmes :

Dans de nombreuses situations d'entrée/sortie, l'on veut définir les mêmes opérations conceptuelles sur des arguments de types différents. Un cas typique en est une opération d'impression pour imprimer différents types de valeurs.

Considérons les en-têtes de procédures :

```
procedure PUT(ITEM : INTEGER) ;
procedure PUT(ITEM : FLØAT) ;
procedure PUT (ITEM : STRING) ;
```

permettant d'imprimer une chaîne représentant respectivement un entier, un réel en virgule flottante, et une chaîne.

Les corps de ces procédures seront différents, puisqu'ils dépendent du format d'impression des trois types de valeurs. Comme mentionné auparavant, l'utilisation de deux sous-programmes ou plus portant le même nom mais admettant des paramètres de types différents s'appelle extension ou homonymie.

Les sous-programmes homonymes s'appellent de la manière habituelle, par exemple :

```
PUT (I+1) ;             -- impression d'un entier
PUT (RACAR(4)) ;        -- impression d'un réel en virgule flottante
PUT ("QUANTITE") ;      -- impression d'une chaîne.
```

L'idée fondamentale est que ces trois appels sont en fait des appels à trois sous-programmes différents, chacun portant le nom PUT. Le choix de la procédure PUT particulière à utiliser par l'appel se détermine en fonction du type des arguments. Est choisi le sous-programme tel que le type de son paramètre s'accorde avec le type de l'argument.

Paramètres par défaut

Considérons maintenant les appels de procédures suivants :

```
PUT(FRANCS, 2) ;      -- impression de FRANCS dans un champ de 2 caractères
PUT(FRANCS) ;         -- impression de FRANCS dans un champ de longueur type
```

Nous trouvons ici deux appels à la procédure PUT, chacun imprimant la valeur d'un entier. Dans le premier cas, on spécifie un champs de deux chiffres. Dans le second, il n'y a pas de deuxième argument, auquel cas l'entier est imprimé dans un champ de longueur normalisée. On dit que la longueur du champ dans la procédure est un "paramètre par défaut" en ce sens que, s'il n'est pas fourni dans l'appel, une valeur normalisée est fournie dans le corps de la procédure. En ADA, la longueur normalisée d'un entier est la longueur de sa représentation décimale.

III — Logiciels prédéfinis pour les entrées-sorties

L'ensemble du mécanisme des entrées-sorties en ADA s'exprime par un certain nombre de logiciels prédéfinis, qui sont :

- le logiciel générique INPUT_ØUTPUT ;
- le logiciel TEXT_IØ ;
- le logiciel LØW_LEVEL_IØ.

Le logiciel INPUT_ØUTPUT définit un ensemble de primitives d'entrées-sortie applicables aux fichiers. Le logiciel TEXT_IØ, dont l'intérêt pour nous est ici de premier ordre, définit les primitives des entrées-sorties sous une forme accessible au lecteur humain. Le logiciel LØW_LEVEL_IØ définit des opérations agissant sur un périphérique physique.

Pour utiliser ces logiciels, il faut savoir comment réaliser une "génération de logiciel générique", ce qui signifie qu'il faut fournir des paramètres pour en compléter la définition. De manière générale, une unité de programme générique (generic) est le modèle d'une classe d'unités de programme. En tant que telle, une unité générique ne peut s'utiliser directement. Il faut en créer un exemplaire (ou copie) par une opération de génération.

Considérons par exemple le logiciel générique INPUT_ØUTPUT. Ce logiciel définit une collection de sous-programmes permettant de travailler avec des fichiers d'un type unique. Pour utiliser ce logiciel avec un type donné, l'utilisateur doit préciser ce type, comme dans : package CHARACTER_IØ is new INPUT_ØUTPUT(CHARACTER) ;

Ceci est une déclaration de logiciel, pour un logiciel appelé CHARACTER_IØ.
Ce logiciel dérive du logiciel prédéfini INPUT_ØUTPUT, en utilisant le type CHARACTER comme type des éléments du fichier.

Le logiciel prédéfini TEXT_IØ est un logiciel dont la partie visible contient des sous-programmes de mise en page (tels que SET_CØL et NEW_LINE) et des sous-programmes d'entrée-sortie de caractères et de chaînes (tels que PUT et GET).

La partie visible du logiciel TEXT_IØ lui-même contient en fait le logiciel CHARACTER_IØ, ainsi que plusieurs logiciels génériques pour l'entrée-sortie des autres types (tels que PUT et GET pour les types numériques). En particulier, elle contient les logiciels génériques : INTEGER_IØ
FLØAT_IØ
FIXED_IØ
ENUMERATIØN_IØ

Pour utiliser effectivement ces logiciels, l'utilisateur doit en réaliser une génération précisant un type spécifique d'entiers, de nombres en virgule flottante, en virgule fixe, ou un type énuméré. Par exemple, l'on peut écrire :

```
package ENT_ES is new INTEGER_IØ(INTEGER) ;
package PIECE_ES is new ENUMERATIØN_IØ(PIECE) ;
```

Après une telle génération, PUT et GET peuvent être appliqués à des valeurs de type INTEGER ou PIECE.

Il est probable qu'une implémentation particulière d'ADA aura ses propres logiciels d'entrée-sortie, et c'est ce que nous avons supposé dans cette introduction à ADA. Considérons l'allure de notre programme de tarif simple :

```
with SØR_ENT ;
procedure TARIF is
     use SØR_ENT ;
     ...
end ;
```

On suppose ici que SØR_ENT contient des définitions de sous-programmes pour l'entrée-sortie de caractères, de chaînes, d'objets de type INTEGER et FLØAT. En utilisant seulement la version prédéfinie d'ADA, ceci serait équivalent à :

```
with TEXT_IØ ;
procedure TARIF is
     use TEXT_IØ ;
     package ENT_ES is new INTEGER_IØ(INTEGER) ;
     package REEL_ES is new FLØAT_IØ(FLØAT) ;
     use ENT_ES, REEL_ES ;
     ...
end ;
```

Ce que, par souci de simplification, nous avons voulu éviter dans cette introduction à ADA.

Note

Ceci termine notre discussion préliminaire des entrées-sorties en ADA. Manifestement, on pourrait en dire beaucoup plus, mais vous devriez avoir maintenant une vue raisonnablement précise sur la façon dont tout cela fonctionne.

9
LE CALCUL PARALLÈLE

Il nous est familier à tous de voir des événements se produire en même temps que d'autres, qui peuvent leur être liés. Comme exemples typiques, citons le déplacement de plusieurs trains sur un réseau ferré, la gestion de files multiples de clients dans une banque, la mise en oeuvre simultanée de périphériques multiples dans un système informatique. Les outils permettant le calcul parallèle fournissent un cadre conceptuel pour traiter ce genre de problèmes.

La présente discussion fera un usage fréquent d'un exemple unique. L'on souhaite écrire un programme pour décoder des messages. Ne nous attardons pas sur la signification précise de ces messages. Ils sont envoyés par quelque station locale éloignée, puis imprimés sur une imprimante. En particulier, l'on veut définir trois unités de programmes, appelées ENGENDRER_CØDE, DECØDER et IMPR_MESSAGE :

. ENGENDRER_CØDE : cette unité de programme lit les données codées d'origine diverse, et transmet les textes codés un à un.

. DECØDER : cette unité de programme reçoit des textes codés, les décode, selon une méthode qui ne nous concerne pas ici, et transmet les caractères décodés.

. IMPR_MESSAGE : cette unité de programme reçoit des caractères ; quand elle a formé une ligne de texte complète, elle affiche la ligne sur une imprimante.

On suppose que les textes codés sont représentés par des caractères.

Le point important à noter au sujet de ce programme est que les trois unités de programme sont conceptuellement indépendantes et peuvent se dérouler selon leur rythme propre. Hormis en des points spécifiques de synchronisation (par exemple, un message doit être décodé avant de pouvoir être imprimé), la façon dont l'exécution des instructions individuelles des unités de programme s'imbrique dans le temps est sans importance.

I — L'apparence formelle d'une tâche

Une tâche (task) est une unité de programme qui peut s'exécuter en parallèle avec d'autres unités de programme. Dans sa forme, une tâche est très semblable à un logiciel. De fait, une tâche et un logiciel fournissent tous deux un service sous forme d'un paquet. La différence principale entre les deux est que le corps d'une tâche n'est pas exécuté avant que la tâche ne soit activée par une autre unité de programme. Une tâche peut aussi contenir des points d'entrée. Les points d'entrée ressemblent formellement aux procédures mais, lorsqu'un point d'entrée est appelé, il indique une synchronisation et une communication entre la tâche appelante et la tâche appelée.

Considérons l'allure de la tâche permettant de décoder des caractères :

```
task DECØDER is
      entry ENVØYER_CØDE(C : CHARACTER) ;
      entry RECEVØIR_CARAC(C : out CHARACTER) ;
end ;
task body DECØDER is
      -- déclarations locales
begin
      -- instructions permettant de décoder les caractères
end ;
```

Cette tâche a deux points d'entrée : ENVØYER_CØDE et RECEVØIR_CARAC. Exactement comme pour un logiciel avec deux procédures visibles, une autre tâche peut lancer un appel à l'un de ces deux points d'entrée à l'aide d'une instruction d'appel de point d'entrée. Le comportement de la tâche, ainsi que l'effet de l'appel d'un point d'entrée, est indiqué dans le corps de la tâche. Nous reportons le détail du corps à plus tard.

Une tâche peut avoir une partie visible vide, c'est-à-dire n'offrir aucun service aux autres unités de programme. Une telle tâche peut naturellement être exécutée en parallèle avec d'autres tâches. Elle peut aussi utiliser les services d'autres tâches. Considérons par exemple les tâches ENGENDRER_CØDE :

```
task ENGENDRER_CØDE ;
task body ENGENDRER_CØDE is
     --  déclarations locales
begin
     --  instructions permettant d'engendrer les caractères du texte codé
end ;
```

et IMPR_MESSAGE

```
task IMPR_MESSAGE ;
task body IMPR_MESSAGE is
     --  déclarations locales
begin
     --  instructions permettant d'imprimer les caractères
end ;
```

Ces tâches n'ont pas de partie visible, mais peuvent s'exécuter en parallèle ou concurremment à la tâche DECØDER. Comme nous le verrons, elles peuvent aussi appeler les points d'entrée de la tâche DECØDER.

Note sur les types tâches :

Comme mentionné auparavant, les tâches se déclarent sous une forme semblable à celle des logiciels, c'est-à-dire avec la déclaration d'une partie visible et d'un corps. De plus, la déclaration d'une tâche peut indiquer un type tâche, et les objets d'un tel type peuvent être déclarés de la manière habituelle. On ne peut pas faire d'affectation à un objet de type tâche, ni le comparer à un autre ; mais il peut faire partie d'un tableau ou d'un enregistrement, ou être argument d'un sous-programme.

Par exemple, l'on peut décrire un type tâche IMPRIMANTE par :

```
task type IMPRIMANTE ;
task body IMPRIMANTE is
     --  déclarations locales
begin
     --  instructions permettant d'imprimer des caractères
end ;
```

et déclarer la tâche IMPR_MESSAGE comme un objet tâche de ce type, par une déclaration d'objet :

```
IMPR_MESSAGE : IMPRIMANTE ;
```

En principe, la description du comportement des tâches suppose qu'un type tâche a été déclaré. Lorsqu'une tâche est déclarée comme dans notre exemple de décryptage, c'est-à-dire sans type, le compilateur définit un type tâche implicite, suivi de la déclaration implicite d'un objet tâche de ce type.

Dans notre exemple de décryptage, comme dans notre discussion générale des tâches, nous n'aurons pas besoin de type tâche explicite.

II — Organisation de tâches multiples

De notre discussion sur les logiciels, l'on se rappelle que, lors de l'entrée dans une unité de programme contenant un logiciel, le corps éventuel de ce logiciel est aussitôt élaboré en vue d'initialiser le logiciel. Par la suite, le logiciel reste purement passif, en ce sens qu'aucune instruction supplémentaire n'en est exécutée, à moins que l'un de ses sous-programmes visibles ne soit appelé explicitement.

De la même façon, lors de l'entrée dans une unité de programme contenant la déclaration d'une tâche, le corps de la tâche est activé avant l'exécution de la première instruction suivant la partie déclarative. Par la suite, la tâche est active en ce sens que son exécution peut se poursuivre en parallèle avec l'unité de programme qui l'a déclarée ainsi qu'avec d'autres tâches initialisées.

Par suite, pour organiser des tâches multiples, il faut déclarer des objets tâches dans une unité de programme. Considérons le canevas suivant, celui de notre programme permettant de décoder des messages :

```
procedure DECØDER_MESSAGE is
      task ENGENDRER_CØDE ;
      task DECØDER is
            entry ENVØYER_CØDE(C : CHARACTER) ;
            entry RECEVØIR_CARAC(C : out CHARACTER) ;
      end ;
      task IMPR_MESSAGE ;
        -- corps des tâches
begin
```

```
        PUT("LES TACHES DE DECØDAGE ONT ETE ACTIVEES") ;
    end ;
```

Le résultat de l'élaboration de ces trois tâches est l'activation des corps de chaque tâche nommée. Ces corps peuvent s'exécuter en parallèle, en même temps que le corps de la procédure initialisatrice.

Pour ce qui est du problème de l'arrêt, une tâche se termine normalement lorsque sera atteinte la fin du corps de la tâche. Lorsque l'unité contenant la déclaration de la tâche touchera à sa fin, elle attendra jusqu'à ce que toutes les tâches déclarées localement soient terminées (à moins, bien sûr, qu'elles ne le soient déjà). Dans l'exemple ci-dessus, la procédure principale attendra, lors de sa fin, que les trois tâches ENGENDRER_CØDE, DECØDER et IMPR_MESSAGE se terminent.

Dans la discussion précédente, nous avons envisagé plusieurs tâches s'exécutant en parallèle. Il s'agit là d'un point de vue purement conceptuel. Il dépend de l'implémentation sous-jacente que les tâches s'exécutent ou non physiquement en parallèle. Dans un système multi-processeurs, l'exécution en parallèle véritable peut avoir lieu. Dans un système mono-processeur, seule une tâche peut réellement être active à la fois.

III — Communication entre tâches

Dans tout système comportant des tâches en relation, il doit exister une certaine forme de communication. Il est clair que l'on ne veut pas que les trains circulant sur un réseau ferré entrent en collision ; l'on peut vouloir s'assurer que deux employés de banque ne réalisent pas de transactions incompatibles sur le même compte ; ou encore, il peut être indispensable de coordonner les actions des périphériques d'un système informatique.

La base de la communication entre tâches repose sur les appels à un point d'entrée. Considérons le corps de la tâche ENGENDRER_CØDE :

```
task body ENGENDRER_CØDE is
    CAR_SUIV : CHARACTER ;
begin
    loop
        -- instructions permettant de recevoir des données
        -- et engendrant la valeur de CAR_SUIV.
        DECØDER . ENVØYER_CØDE(CAR_SUIV) ; -- appel de point d'entrée
    end loop ;
end ;
```

et celui de la tâche IMPR_MESSAGE :

```
task body IMPR_MESSAGE is
    TAILLE_LIGNE  :  constant INTEGER := 72 ;
    CAR_SUIV      :  CHARACTER ;
    PØS_LIGNE     :  INTEGER ;
    LIGNE         :  STRING(1..TAILLE_LIGNE) ;
begin
    PØS_LIGNE := 1 ;
    loop
        DECØDER . RECEVØIR_CARAC(CAR_SUIV) ; -- appel de point d'entrée
        LIGNE(PØS_LIGNE) := CAR_SUIV ;
        IF PØS_LIGNE < TAILLE_LIGNE then
           PØS_LIGNE := PØS_LIGNE + 1 ;
        else
           IMPRIMER(LIGNE) ;
           PØS_LIGNE := 1 ;
        end if ;
    end loop ;
end ;
```

Ces deux tâches constituent une boucle sans fin, pour engendrer des textes codés et imprimer des messages respectivement. (Note : l'on placera ultérieurement un bouton d'arrêt).

L'on trouve ici deux appels de points d'entrée :

```
DECØDER . ENVØYER_CØDE(CAR_SUIV) ;
DECØDER . RECEVØIR_CARAC(CAR_SUIV) ;
```

Comme nous le voyons, un appel de point d'entrée présente la même forme qu'un appel de procédure. La différence tient à leur comportement interne.

Pour une procédure, les actions correspondantes (données dans le corps de la procédure) sont exécutées lorsque la procédure est appelée. Pour les points d'entrée, les actions correspondantes (données dans une instruction "accept") sont exécutées par la tâche contenant le point d'entrée. De plus, ces actions ne sont exécutées que lorsque la tâche appelée est prête à recevoir l'appel du point d'entrée. Ainsi l'on peut considérer que les tâches appelantes et appelées se rencontrent en un point de rendez-vous.

Pour illustrer ce comportement, complétons notre exemple en donnant le corps de la tâche DECØDER :

```
task body DECØDER is
     CØDE, CARAC : CHARACTER ;
begin
     loop
        accept ENVØYER_CØDE(C : CHARACTER) do
               CØDE := C ;
        end ;
        --  instructions permettant de décoder la valeur de CØDE
        --  et de ranger la valeur décodée dans    CARAC.
        accept RECEVØIR_CARAC(C : out CHARACTER) do
               C := CARAC ;
        end ;
     end loop ;
end ;
```

Cette tâche boucle aussi indéfiniment, récupérant un caractère codé au moyen d'un appel du point d'entrée ENVØYER_CØDE, appliquant l'algorithme de décodage, et transmettant la valeur décodée par l'intermédiaire d'un appel de RECEVØIR_CARAC.

L'intérêt du corps réside ici dans les instructions "accept" correspondant aux appels des points d'entrée. Une instruction "accept" ressemble partiellement au corps d'une procédure. L'instruction "accept" répète la partie formelle de la spécification du point d'entrée, laquelle est suivie par les instructions à exécuter pendant le rendez-vous.

Ces instructions sont encadrées par do et end, et forment la région du texte dans laquelle les paramètres du point d'entrée sont accessibles.

Deux cas sont à considérer pour un rendez-vous, selon que la tâche appelante exécute une instruction d'appel telle que :

DECØDER . ENVØYER_CØDE(CAR_SUIV) ;

avant ou après que l'instruction "accept" correspondante soit atteinte par la tâche appelée DECØDER. La première arrivée attend l'autre. Le rendez-vous établi, les arguments de l'appel du point d'entrée sont transmis à la tâche appelée ; l'appelant est alors suspendu temporairement jusqu'à ce que la tâche appelée termine l'exécution des instructions comprises entre le do et le end ; puis tout paramètre de sortie est alors transmis en retour à l'appelant. Enfin, les deux tâches reprennent leur déroulement indépendamment l'une de l'autre.

L'on voit ainsi les trois notions de base réalisées par le rendez-vous :

. Synchronisation : la tâche appelée doit arriver à une instruction "accept" correspondante.

. Echange d'information : le point d'entrée peut avoir des paramètres, et ainsi recevoir ou transmettre des valeurs.

. Exclusion mutuelle : si deux ou plusieurs tâches appellent le même point d'entrée, seul un appel peut être traité à la fois.

Noter que le nom d'un point de rendez-vous porte dans une seule direction.
La tâche appelante doit connaître le nom de la tâche contenant le point d'entrée.
La tâche appelée, pour sa part, acceptera des appels de n'importe quelle tâche.
Ainsi, en général, l'on aura un modèle de communication n pour un.
En conséquence, chaque point d'entrée peut avoir une file d'attente de tâches l'ayant appelé. Ces appels sont traités selon leur ordre d'arrivée.

Il faut observer qu'une tâche ne peut gérer qu'un point d'entrée à la fois. Bien que notre exemple ne le mette pas en évidence, il peut y avoir plusieurs instructions "accept" pour un point d'entrée donné. L'on voit ici une différence capitale entre les points d'entrée et les procédures. Tous les appels d'une procédure exécutent le même corps, alors que ce n'est pas nécessairement le cas pour les

appels d'un point d'entrée.
Voyons maintenant le programme complet résolvant notre programme de décryptage.
Ce programme est donné dans l'exemple 9.1. La procédure principale DECØDER_MESSAGE initialise l'action en déclarant les trois tâches. Ces trois tâches opèrent de façon tout-à-fait indépendante, mais se synchronisent, naturellement, au travers des appels aux points d'entrée de DECØDER. Telles quelles, les trois tâches opèrent indéfiniment. Par suite, le programme ne se termine jamais.

IV — Choix entre points d'entrée appelés

Dans notre tâche de décodage ci-dessus, la réponse à l'appel de l'un des points d'entrée est toujours suivie de la réponse à l'appel de l'autre point d'entrée.
Dans de nombreuses applications, il n'en est pas nécessairement ainsi.
Que se passe-t-il si l'on a deux points d'entrée ou plus, et que l'on ne veuille répondre qu'au premier appel ? Si l'on ne peut prévoir quel appel se produira le premier ? Plus généralement, que se passe-t-il si l'on est prêt à accepter l'appel de n'importe lequel d'un certain nombre de points d'entrée ?

Reprenons, par exemple, notre problème de décodage. Observons que, une fois qu'un caractère a été envoyé à la tâche DECØDER, celle-ci doit attendre la fin d'exécution de l'appel permettant de transmettre la valeur décodée avant de traiter la suite du texte codé. L'on voudrait bien que la génération du texte codé et l'impression des messages puisse se dérouler de manière beaucoup plus indépendante.

Faisons l'hypothèse que le processus de décodage soit relativement rapide.
En particulier, si le processus d'impression est lent, nous continuerons à accepter une salve d'appels au point d'entrée lié à l'arrivée de code nouveau.
Au contraire, l'on est prêt à accepter de nombreux appels du point d'entrée correspondant à l'impression du texte déjà reçu, en attendant un nouveau (et éventuellement différé) caractère codé. Pour corriger les variations induites, l'on peut introduire une zone-tampon pour les caractères à l'intérieur de la tâche DECØDER. Plus important, compte-tenu de notre objectif, l'on veut accepter les appels des deux points d'entrée tant que cette zone de rangement n'est ni pleine, ni vide.

```
procedure DECØDER_MESSAGE is
      task ENGENDRER_CØDE ;
      task DECØDER is
         entry ENVØYER_CØDE(C : CHARACTER) ;
         entry RECEVØIR_CARAC(C : out CHARACTER) ;
      end ;
      task IMPR_MESSAGE ;
      task body ENGENDRER_CØDE is
           CAR_SUIV  : CHARACTER ;
      begin
           loop
           -- instructions permettant de recevoir les données
           -- et engendrant la valeur de CAR_SUIV.
           DECØDER . ENVØYER_CØDE(CAR_SUIV) ;
           end loop ;
      end ;
      task body DECØDER is
           CØDE, CARAC : CHARACTER ;
      begin
           loop
              accept ENVØYER_CØDE(C : CHARACTER) do
                   CØDE := C ;
              end ;
              -- instructions permettant de décoder la valeur de CØDE
              -- et de ranger la valeur décodée dans CARAC.
              accept RECEVØIR_CARAC(C : out CHARACTER) do
                   C := CARAC ;
              end ;
           end loop ;
      end ;
      task body IMPR_MESSAGE is
           TAILLE_LIGNE : constant INTEGER := 72 ;
           CAR_SUIV     : CHARACTER ;
           PØS_LIGNE    : INTEGER ;
           LIGNE        : STRING(1..TAILLE_LIGNE) ;
      begin
           PØS_LIGNE := 1 ;
           loop
              DECØDER . RECEVØIR_CARAC(CAR_SUIV) ;
              LIGNE (PØS_LIGNE) := CAR_SUIV ;
```

```
            if PØS_LIGNE < TAILLE_LIGNE then
               PØS_LIGNE := PØS_LIGNE + 1 ;
            else
               IMPRIMER(LIGNE) ;
               PØS_LIGNE := 1 ;
            end if;
         end loop ;
      end ;

begin
      PUT("LES TACHES DE DECØDAGE ONT ETE ACTIVEES") ;
end ;
```

Exemple 9.1. : Solution au problème du décodage.

Le mécanisme de base permettant de choisir parmi les appels de points d'entrée est l'instruction "select". Considérons le schéma suivant :

```
select
   accept ENVØYER_CØDE(C : CHARACTER) do
      ...
   end ;
or
   accept RECEVØIR_CARAC(C : out CHARACTER) do
     ...
   end ;
end select ;
```

Un tel ordre accepte tout appel soit au point d'entrée ENVØYER_CØDE, soit à RECEVØIR_CARAC. En particulier, lorsque cette instruction est atteinte, trois cas sont à considérer :

1) Aucun des points d'entrée n'a été appelé : en ce cas, la tâche est suspendue jusqu'à ce que l'un des points d'entrée soit appelé : l'instruction "accept" correspondante est alors exécutée.

2) L'un (et un seul) des points d'entrée a été appelé : en ce cas, l'instruction "accept" correspondante est aussitôt exécutée.

3) Les deux points d'entrée ont été appelés : en ce cas, l'un des points d'entrée est choisi. Ce choix est fait arbitrairement : n'importe lequel peut être choisi.

Comme indiqué ci-dessus, l'on ne veut accepter un appel de ENVØYER_CØDE que s'il y a suffisamment de place dans la zone de rangement. De la même façon, l'on ne veut accepter un appel de RECEVØIR_CARAC que s'il y a des caractères dans la zone de rangement. Ces exigences sont prises en compte à l'aide de conditions qui défendent les deux termes de l'alternative dans un ordre "select".

Considérons le schéma suivant :

```
select
   when CØMPTEUR < TAILLE_ZØNE  =>
      accept ENVØYER_CARAC (C : CHARACTER) do
       ...
      end ;
   or
```

```
    when CØMPTEUR > 0  =>
       accept RECEVØIR_CARAC (C : out CHARACTER) do
        ...
       end ;
end select ;
```

Les seuls points d'entrée qui peuvent être acceptés ci-dessus sont ceux dont les conditions de défense prennent la valeur "vrai". Enfin, l'on note que, comme avant, une instruction "accept" peut être suivie d'instructions à exécuter après le rendez-vous.

Tous ces points sont illustrés dans l'exemple 9.2, version revue de la tâche DECØDER donnée auparavant. L'on notera que les caractères sont mémorisés dans le tampon de manière circulaire. Le tampon est associé à deux indices : IN_INDICE indiquant l'emplacement réservé au prochain caractère à arriver, et HØRS_INDICE indiquant l'emplacement du prochain caractère à transmettre. Noter aussi que la modification des valeurs de IN_INDICE et CØMPTEUR n'a pas lieu pendant le rendez-vous. Ceci permet à la tâche appelante de se poursuivre dès que possible.

V — Suspension volontaire d'une tâche

La possibilité de suspendre une tâche pour une durée spécifiée est importante dans de nombreuses applications. L'on peut vouloir arrêter l'exécution pendant un intervalle de temps. L'on peut aussi vouloir attendre l'occurrence d'un événement et, si celle-ci ne se produit pas dans un délai fixé, recourir à quelque autre action. Ces deux situations peuvent être gérées à l'aide de l'instruction "delay".

Soit par exemple l'instruction "delay" suivante :

```
delay 10.0 ; -- suspension de 10 secondes
```

L'expression qui suit le mot "delay" représente le nombre de secondes pendant lequel la tâche doit être suspendue. Cette expression est du type virgule fixe prédéfini DURATIØN.

L'instruction "delay" peut être utilisée à la place de l'instruction "accept" dans la partie synchronisation d'un ordre "select", et peut être protégée de la manière habituelle.

Une instruction "delay" de ce genre sert à fournir une limite de temps à l'ordre "select". Si aucun rendez-vous n'a lieu pendant l'intervalle spécifié, alors la liste d'instructions qui suit l'instruction "delay" est exécutée. Si un rendez-vous a lieu avant la fin de l'intervalle, alors la suspension est annulée, et l'ordre "select" s'exécute normalement.

A titre d'exemple, reprenons une fois encore notre programme de décryptage, et particulièrement la procédure IMPRIMER appelée par la tâche IMPR_MESSAGE. Ce sous-programme peut en fait appeler un point d'entrée IMPR_LIGNE pour l'impression des lignes sur une imprimante à chaîne. Il est évident que l'on ne souhaite pas laisser la chaîne en marche s'il n'y a rien à imprimer, spécialement si les périodes d'oisiveté de l'imprimante peuvent être longues. Réciproquement, si l'imprimante est restée oisive, il peut être nécessaire d'attendre une seconde pour que la chaîne soit pleinement active.

```
task body DECØDER is
      TAILLE_TAMPØN          : constant INTEGER := 500 ;
      CØMPTEUR               : INTEGER range 0..TAILLE_TAMPØN ;
      IN_INDICE, HØRS_INDICE: INTEGER range 1..TAILLE_TAMPØN ;
      CØDE, CARAC            : CHARACTER ;
      TAMPØN                 : array(1..TAILLE_TAMPØN) of CHARACTER ;
begin
      CØMPTEUR := 0 ;
      IN_INDICE := 1 ; HØRS_INDICE := 1 ;
      loop
         select
            when CØMPTEUR < TAILLE_TAMPØN  =>
               accept ENVØYER_CØDE(C : CHARACTER) do
                    CØDE := C ;
               end ;
               --  instructions permettant de décoder la valeur de CØDE
               --  et plaçant la valeur décodée dans CARAC
               TAMPØN(IN_INDICE) := CARAC ;
               CØMPTEUR          := CØMPTEUR + 1 ;
               IN_INDICE         := (IN_INDICE mod TAILLE_TAMPØN) + 1 ;
         or
            when CØMPTEUR > 0  =>
               accept RECEVØIR_CARAC(C : out CHARACTER) do
                     C := TAMPØN(HØRS_INDICE) ;
               end ;
               CØMPTEUR := CØMPTEUR - 1 ;
               HØRS_INDICE := (HØRS_INDICE mod TAILLE_TAMPØN) + 1 ;
         end select ;
      end loop ;
end ;
```

Exemple 9.2. : Intervention d'un tampon dans la tâche de décodage.

Considérons alors la tâche PILØTAGE_IMPRIM :

```
task PILØTAGE_IMPRIM is
      entry IMPR_LIGNE (L : IMAGE_LIGNE) ;
end ;
```

et son corps :

```
task body PILØTAGE_IMPRIM is
      LIGNE         : IMAGE_LIGNE ;
      CHAINE_MARCHE : BØØLEAN ;
begin
      CHAINE_MARCHE := FALSE ;
      loop
         select
            accept IMPR_LIGNE(L : IMAGE_LIGNE) do
                 LIGNE := L ;
            end ;
            if not CHAINE_MARCHE then
               -- faire démarrer la chaîne
               delay 1.0 ;
               CHAINE_MARCHE := TRUE ;
            end if  ;
            PUT (LIGNE) ;
         or
            when CHAINE_MARCHE  =>
                 delay 10.0 ;
                 -- arrêter la chaîne
                 CHAINE_MARCHE := FALSE ;
         end select ;
      end loop ;
end ;
```

Cette tâche contient un point d'entrée IMPR_LIGNE, et commande la chaîne d'impression comme il est indiqué ci-dessus.

En particulier, l'instruction "if" :

```
    if not CHAINE_MARCHE then
        ...
        delay 1.0 ;
        ...
    end if ;
```

indique le délai délibéré requis pour activer l'imprimante. D'autre part, considérons l'instruction "select" :

```
    select
       accept IMPR_LIGNE(L : IMAGE_LIGNE) do
       ...
       end ;
    or
       when CHAINE_MARCHE =>
            delay 10.0 ;
            ...
    end select ;
```

Aussi longtemps qu'il existe des appels en attente de IMPR_LIGNE, cette instruction "delay" est sans effet. S'il ne se produit aucun appel de IMPR_LIGNE pendant 10 secondes, la suspension entrera en vigueur. Ainsi, la chaîne ne sera arrêtée qu'au bout de 10 secondes après la dernière impression d'une ligne.

VI — Interruption d'une tâche

Sur de nombreux systèmes, il existe des interruptions-machine déclenchées à la suite de certains événements. Par exemple, l'on peut souhaiter installer un bouton d'arrêt sur le système de décodage. Si la production de texte codé est terminée ou si, pour quelque autre raison, l'on veut mettre fin au programme, l'on appuie sur ce bouton d'arrêt pour provoquer l'achèvement de toutes les tâches.

Les interruptions-machine se gèrent, très simplement, en les interprétant comme des appels externes de points d'entrée. Une spécification de représentation (Cf. chapitre XI) permet de lier le point d'entrée à l'adresse de l'emplacement physique, ou au registre, où l'interruption est enregistrée.

Considérons la tâche ARRET_DECØDAGE, dont le corps est :

```
task body ARRET_DECØDAGE is
   entry BØUTØN_D_ARRET ;
   for BØUTØN_D_ARRET use  8 # 7060 # ;
begin
   accept BØUTØN_D_ARRET ;
   ENGENDRER_CØDE . ARRET ;
end ;
```

Remarquer le point d'entrée BØUTØN_D_ARRET, sans paramètre. Lorsqu'une interruption-machine est enregistrée, l'instruction :

```
accept BØUTØN_D_ARRET ;
```

considère l'interruption comme l'appel de ce point d'entrée. Après avoir reçu le signal d'interruption, l'appel au point d'entrée de ENGENDRER_CØDE qui le suit sera exécuté, et la tâche se terminera.

Considérons maintenant la version suivante du corps de la tâche permettant d'engendrer le texte codé :

```
task body ENGENDRER_CØDE is
     CAR_SUIV : CHARACTER ;
begin
   loop
      select
         accept ARRET ;
         exit ;
      else
        --  instructions permettant de recevoir des données
        --  et engendrant la valeur de CAR_SUIV.
        DECØDER . ENVØYER_CØDE (CAR_SUIV) ;
      end select ;
   end loop ;
   DECØDER . ENVØYER_CØDE(EØT) ;
```

L'on voit ici une boucle de sélection ordinaire. Tant qu'il ne se produit pas d'appel au point d'entrée ARRET, la partie else de l'instruction de sélection sera exécutée pour engendrer un nouveau caractère codé.

Cependant, lorsque l'appel au point d'entrée ARRET est exécuté, il sera mis fin à la boucle de sélection.

Une fois la boucle terminée, le caractère de fin de transmission est envoyé à la tâche DECØDER, puis la tâche ENGENDRER_CØDE s'arrête. Les deux autres tâches peuvent aisément être modifiées de façon à s'arrêter dès l'envoi du caractère de fin de transmission.

La version finale du programme résolvant le problème du décodage de messages est fournie par l'exemple 9.3, qui illustre la plupart des outils mentionnés dans ce chapitre. Ainsi prend fin notre voyage au pays des tâches...

```
procedure DECØDER_MESSAGE is use ASCII ;
   task ARRET_DECØDAGE ;
   task ENGENDRER_CØDE is
        entry ARRET ;
   end ;
   task DECØDER is
        entry ENVØYER_CØDE (C : CHARACTER) ;
        entry RECEVØIR_CARAC(C : out CHARACTER) ;
   end ;
   task IMPR_MESSAGE ;
   task body ARRET_DECØDAGE is
        entry BOUTØN_D_ARRET ;
        -- définition physique de BOUTØN_D_ARRET
   begin
      accept BOUTØN_D_ARRET ;
      ENGENDRER_CØDE . ARRET ;
   end ;
   task body ENGENDRER_CØDE is
        CAR_SUIV : CHARACTER ;
   begin
      loop
         select
            accept ARRET ;
            exit ;
         else
           -- instructions permettant de recevoir les données
           -- et engendrant la valeur de CAR_SUIV.
           DECØDER . ENVØYER_CØDE (CAR_SUIV) ;
         end select ;
      end loop ;
      DECØDER . ENVØYER_CØDE(EØT) ;
end ;
```

Exemple 9.3. : Ajout d'un bouton d'arrêt au programme de décodage.

```
task body DECØDER is
     TAILLE_TAMPØN          : constant INTEGER := 500 ;
     CØMPTEUR               : INTEGER range 0..TAILLE_TAMPØN ;
     IN_INDICE, HØRS_INDICE: INTEGER range 1..TAILLE_TAMPØN ;
     CØDE,CARAC             : CHARACTER ;
     TAMPØN                 : array(1.. TAILLE_TAMPØN) of CHARACTER ;
begin
     CØMPTEUR := 0 ;
     IN_INDICE := 1 ; HØRS_INDICE := 1 ;
     loop
        select
           when CØMPTEUR < TAILLE_TAMPØN  =>
           accept ENVØYER_CØDE (C : CHARACTER) do
                  CØDE := C ;
           end ;
           -- instructions permettant de décoder la valeur de CØDE
           -- et de ranger la valeur décodée dans CARAC.
           TAMPØN(IN_INDICE) := CARAC ;
           CØMPTEUR          := CØMPTEUR + 1 ;
           IN_INDICE         := (IN_INDICE mod TAILLE_TAMPØN) + 1 ;
        or
           when CØMPTEUR > 0  =>
             accept RECEVØIR_CARAC (C : out CHARACTER) do
                 C := TAMPØN (HØRS_INDICE) ;
             end ;
             CØMPTEUR := CØMPTEUR - 1  ;
             HØRS_INDICE := (HØRS_INDICE mod TAILLE_TAMPØN) + 1 ;
        end select ;
        exit when CØMPTEUR = 0 and CARAC = EØT ;
     end loop ;
end ;
```

Exemple 9.3. (suite) :

```
task body IMPR_MESSAGE is
   TAILLE_LIGNE  : constant INTEGER := 72 ;
   subtype IMAGE_LIGNE is STRING(1..TAILLE_LIGNE) ;
   BLANC         : constant CHARACTER := ' ' ;
   CAR_SUIV      : CHARACTER ;
   PØS_LIGNE     : INTEGER ;
   LIGNE         : IMAGE_LIGNE ;
begin
   PØS_LIGNE := 1 ;
   loop
      DECØDER . RECEVØIR_CARAC (CAR_SUIV) ;
      LIGNE(PØS_LIGNE) := CAR_SUIV ;
      if PØS_LIGNE < TAILLE_LIGNE then
         PØS_LIGNE := PØS_LIGNE + 1 ;
      else
         IMPRIMER(LIGNE) ;
         PØS_LIGNE := 1 ;
      end if ;
      if CAR_SUIV = EØT then
         LIGNE (PØS_LIGNE .. TAILLE_LIGNE) := (PØS_LIGNE..TAILLE_LIGNE => BLANC) ;
         IMPRIMER (LIGNE) ;
         exit ;
      end if ;
   end loop ;
   PUT("FIN DES TACHES") ;
end ;
begin -- programme principal.
   PUT("LES TACHES DE DECODAGE ONT ETE ACTIVEES") ;
end ;
```

Exemple 9.3. (suite et fin).

10

LES CONDITIONS EXCEPTIONNELLES

Des erreurs peuvent se produire dans toute application. Il y a de nombreuses sources d'erreur, et beaucoup ne proviennent pas d'un programme incorrect. Des données d'entrée peuvent contenir des valeurs hors limites, un élément matériel peut tomber en panne, une erreur de parité être détectée sur une bande, ou une ligne de transmission être sporadiquement défectueuse. Souvent, un message est envoyé à l'utilisateur, et le programme s'arrête.

La simple terminaison d'un programme n'est pas toujours désirable et, dans certains cas, peut être désastreuse. Un pilote sur le point d'atterrir peut utiliser un système de navigation dirigé par ordinateur. Lui dire qu'un dépassement de capacité vient de provoquer l'arrêt de tout le système constitue certainement le recours ultime. Il faut souvent que de tels systèmes puissent faire quelque chose de plausible pour continuer à fonctionner.

Ce chapitre traite des outils permettant de prendre en compte des situations de ce genre. Ces outils reposent sur le concept d'exception. Une exception est un événement qui provoque la suspension de l'exécution normale du programme. Faire remarquer une situation exceptionnelle s'appelle susciter (ou activer) l'exception. Répondre à l'exception s'appelle gérer l'exception.

Pour animer notre propos, nous explorerons le programme de l'exemple 10.1. Ce programme calcule l'inverse d'un ensemble de 20 matrices. Le cas qui nous intéresse ici est celui où une matrice s'avère singulière (c'est-à-dire que la valeur de son déterminant est trop faible), et où elle n'admet donc pas d'inverse.

```
procédure INVERSER_MATRICES is
     SINGULIERE : exception ;
     type MATRICE is array (INTEGER range < > , INTEGER range  < >) of FLØAT ;

     procedure INVERSER (M : in out MATRICE) is
          DETERMINANT : FLØAT ;
          ESPILØN     : constant FLØAT : = 1E - 10 ;
     begin

          -- calcul du déterminant de la matrice
          if ABS (DETERMINANT) < EPSILØN then
             raise SINGULIERE ;
          end if ;
          -- fin du calcul de l'inverse
     end ;
     procedure TRAITER_UNE_MATRICE is
          M : MATRICE ;
     begin
          LIRE (M) ;
          INVERSER (M) ;
          IMPRIMER (M) ;
     exception
          when SINGULIERE => PUT ("MATRICE SINGULIERE") ;
     end ;
begin
  for I in 1..20 loop
     PUT ("ITERATIØN") ; PUT (I) ;
     TRAITER_UNE_MATRICE ;
  end loop ;
end ;
```

Exemple 10.1. : Utilisation d'exceptions.

I — Déclaration des exceptions

Une exception s'introduit à l'aide d'une déclaration d'exception, qui donne le nom de l'exception, et définit sa portée, c'est-à-dire la région du texte dans laquelle l'exception peut-être suscitée. Par exemple, dans :

```
procedure INVERSER_MATRICES is
     SINGULIERE : exception ;
     ....
end ;
```

il est déclaré une exception appelée SINGULIERE. Cette exception peut être suscitée pendant l'exécution de la procédure INVERSER_MATRICES. Comme le nom SINGULIERE le suggère, la situation exceptionnelle envisagée est l'événement correspondant au cas où une matrice d'entrée s'avère être singulière.

Le langage lui-même définit des situations provoquant une anomalie. Ces exceptions sont le résultat d'erreurs rencontrées pendant l'exécution du programme. Toutes les erreurs de ce genre sont traitées comme des exceptions prédéfinies. Voici ces exceptions :

NUMERIC_ERRØR	lorsque le résultat d'une opération numérique prédéfinie sort des limites fixées par l'implémentation du type numérique.
CØNSTRAINT_ERRØR	lorsqu'une contrainte d'intervalle, d'indice ou de discriminant n'est pas respectée, ou que l'on tente de référencer un objet pointé par la valeur "null".
SELECT_ERRØR	quand toutes les branches d'un ordre SELECT sans partie ELSE sont fermées.
STØRAGE_ERRØR	lorsque la mémoire allouée dynamiquement à une tâche est dépassée, ou que la place disponible pour les objets d'un type pointé est épuisée.
TASKING_ERRØR	lorsqu'une anomalie se produit pendant une communication entre tâches.

II — Activation et gestion d'une exception

Quand une situation exceptionnelle apparaît pendant l'exécution d'un programme, elle doit être signalée. Ceci se réalise en suscitant une exception. Dans notre procédure INVERSER_MATRICES, l'exécution de l'instruction :

```
raise SINGULIERE ;
```

provoque la suspension de l'exécution normale, et signale l'exception appelée SINGULIERE. L'effet en est de suspendre l'exécution de l'unité de programme dans laquelle l'exception est suscitée.

La réponse à une exception variera naturellement selon l'application. Cette réponse peut aller d'un "ne rien faire" , auquel cas le programme prendra normalement fin ; jusqu'à la prise de mesures élaborées pour traiter la situation, cause de l'anomalie, avant de reprendre l'exécution du programme.

On réalise une réponse à une exception en ajoutant une ou plusieurs séquences d'exception à la fin d'une unité de programme. Lorsqu'une exception est suscitée et que l'exécution normale est suspendue, la séquence de l'exception correspondante prend la main. L'exécution de cette séquence remplace ainsi celle du reste de l'unité.

Une unité de programme donnant une réponse à une ou plusieurs exceptions se termine toujours par une partie "exception" de la forme :

```
exception
     -- séquence            d'exception
end ;
```

Par exemple, on peut écrire :

```
exception
     when SINGULIERE  =>  PUT ("MATRICE SINGULIERE") ;
end ;
```

ou encore :

```
exception
    when NUMERIC_ERRØR ⇒
        X:=X_MAX ; Y:=Y_MAX ; Z:=Z_MAX ;
    when ERREUR_CAPTEUR ⇒
        X:=X_MØY ; Y:=Y_MØY ; Z:=Z_MØY ;
end ;
```

L'on constate qu'une séquence d'exception a une forme semblable à celle d'une branche d'un schéma de choix :

```
when nom d'exception  ⇒   instructions
```

Considérons la procédure simple :

```
procédure PØINT_SUIVANT (X,Y,Z: out CØØRD)is
    -- déclarations locales
begin
    -- Code permettant de lire  les valeurs d'un capteur, et d'obtenir
    -- les coordonnées correspondantes X,Y et Z d'un point.
    -- Les exceptions NUMERIC_ERRØR et ERREUR_CAPTEUR peuvent
    -- être suscitées pendant l'exécution.
exception
    when NUMERIC_ERRØR ⇒
        X:=X_MAX ; Y:=Y_MAX ; Z:=Z_MAX ;
    when ERREUR_CAPTEUR ⇒
        X:=X_MØY ; Y:=Y_MØY ; Z:=Z_MØY ;
end ;
```

L'on a ici une procédure dont l'exécution peut provoquer l'activation d'une exception et une tentative pour remédier à cette situation. Lorsque l'exception NUMERIC_ERRØR est suscitée (sans doute par un dépassement de capacité arithmétique), les paramètres X,Y et Z reçoivent des valeurs maximales ; lorsque l'exception ERREUR_CAPTEUR est suscitée, ces paramètres reçoivent des valeurs moyennes. Dans les deux cas, après exécution du module de gestion, l'exécution du programme reprend aussitôt après l'appel de la procédure.

III — Propagation d'une exception

En général, une exception peut être suscitée dans une unité de programme et l'on peut utiliser une séquence d'exception pour achever l'exécution de l'unité. Fréquemment, cependant, une unité de programme n'aura pas de gérant pour une exception. Même lorsque des séquences d'exception sont fournies, il se peut qu'elles ne recouvrent pas toutes les exceptions susceptibles d'être suscitées pendant l'exécution. De plus, une séquence d'exception elle-même peut susciter une exception. Dans tous ces cas, le bloc ou l'unité de programme est terminé, et l'on dit que l'exception est propagée.

Par exemple, considérons la procédure :

```
procedure INVERSER (M : in out MATRICE) is
     DETERMINANT : FLØAT ;
     EPSILØN     : constant FLØAT := 1 E - 10 ;
begin
     -- calcul du déterminant de la matrice
     if ABS (DETERMINANT) < EPSILØN then
          raise SINGULIERE ;
     end if ;
     -- fin du calcul de l'inverse
end ;
```

ainsi que la séquence d'appel donnée dans TRAITER_UNE_MATRICE :

```
     LIRE (M) ;
     INVERSER (M) ;      -- point d'appel à INVERSER
     IMPRIMER (M) ;
```

Les calculs d'INVERSER peuvent mener à un déterminant trop faible, auquel cas l'exception SINGULIERE est suscitée. Comme il n'est pas fourni de gérant dans INVERSER, l'exécution d'INVERSER prend fin, et l'exception SINGULIERE est (implicitement) suscitée par l'instruction qui appelle INVERSER. L'activation implicite d'une exception s'appelle propagation de l'exception.

Les exceptions prédéfinies dans le langage peuvent être considérées comme des exceptions propagées par des éléments incorporés du langage. Par exemple, en calculant :

X * Y

si le résultat dépasse la valeur maximale de l'implémentation, l'exception NUMERIC_ERRØR est propagée par l'opération au point où la multiplication est écrite. Lorsqu'une exception est propagée, l'unité d'appel peut, naturellement, fournir un gérant pour cette exception.

Par exemple, considérons la procédure TRAITER_UNE_MATRICE :

```
procédure TRAITER_UNE_MATRICE is
     M : MATRICE ;
begin
     LIRE (M) ;
     INVERSER (M) ;
     IMPRIMER (M) ;
exception
     when SINGULIERE  =>  PUT ("MATRICE SINGULIERE") ;
end ;
```

Ici, si un appel d'INVERSER provoque la propagation de l'exception SINGULIERE, celle-ci est gérée dans la procédure TRAITER_UNE_MATRICE. Le module de gestion imprime un message en réponse à l'exception. Ceci termine l'exécution de la procédure TRAITER_UNE_MATRICE, et l'exécution du programme continue au point ou TRAITER_UNE_MATRICE elle-même est appelée.

Observons que, si n'importe quelle autre exception se propage depuis INVERSER, par exemple CØNSTRAINT_ERRØR, cette exception se propage à nouveau, cette fois au point d'appel de TRAITER_UNE_MATRICE. L'on voit ainsi la règle générale concernant la propagation des exceptions : une exception suscitée se propage à travers la séquence des unités d'appels jusqu'à ce qu'une unité fournisse un gérant pour cette exception.

Dans le cas simple où un programme ne fournit pas de gérant pour une exception et qu'une erreur d'exécution provoque l'activation de l'exception, le programme e en fin de compte terminé. Normalement, avant la fin, l'environnement prédéfini pour chaque implémentation fournira une réponse à chaque exception, généralement l'impression d'un diagnostic. C'est l'habituel message d'erreur à l'exécution.

Reprenons maintenant le programme d'inversion de matrices, tel qu'il est dans l'exemple 10.1. Ce programme va successivement lire les valeurs de l'une des 20 matrices, l'inverser, et imprimer son inverse.

Le calcul d'un déterminant trop faible suscite l'exception SINGULIERE, auquel cas la procédure INVERSER prend fin, et l'exception est propagée vers la procédure d'appel TRAITER_UNE_MATRICE. Cette procédure est à son tour interrompue, mais une séquence gérant l'exception y est fournie. Ce gérant imprime simplement le message :

MATRICE SINGULIERE

Cette action met fin à l'exécution de TRAITER_UNE_MATRICE, et le contrôle est renvoyé à son point d'appel, où la matrice suivante est traitée. L'on voit donc ici la propagation d'une exception et une simple action de diagnostic, permettant au programme de continuer en cas d'erreur.

Noter enfin que l'activation, dans INVERSER, de toute autre exception, par exemple CØNSTRAINT_ERRØR, est propagée en retour à chacun des appelants. Dans le cas présent, le programme prend fin ; il est à présumer que l'environnement par défaut de l'implémentation donnera un message de diagnostic.

Il est possible de rendre notre programme plus robuste, en fournissant un gérant par défaut pour toutes les autres erreurs possibles :

```
procedure TRAITER_UNE_MATRICE is
     M : MATRICE ;
begin
     LIRE (M) ;
     INVERSER (M) ;
     IMPRIMER (M) ;
exception
     when SINGULIERE  =>    PUT ("MATRICE SINGULIERE") ;
     when others      =>    PUT ("ERREUR NON PREVUE") ;
end ;
```

Le mot réservé <u>others</u> remplace le nom de toute autre exception suscitée. Ici, il récupère toutes les exceptions, sauf SINGULIERE. En conséquence, il sera possible de traiter la matrice suivante dans tous les cas, par exemple en cas d'anomalie de type NUMERIC_ERRØR ou CØNSTRAINT_ERRØR.

IV — Exceptions suscitées pendant une communication entre tâches

L'utilisation de tâches multiples soulève la question des unités de programmes en communication. Il est intéressant de noter ici qu'une situation exceptionnelle dans une tâche peut dépendre d'une autre tâche. Une communication incorrecte entre tâches est généralement signalée au moyen de l'exception prédéfinie TASKING_ERRØR.

Considérons par exemple les cas suivants :

. une tâche appelle un point d'entrée dans une autre tâche, mais cette seconde tâche est déjà terminée ;
. une tâche appelle un point d'entrée dans une autre tâche, la seconde tâche est active, mais elle se termine avant d'accepter l'appel ;
. une tâche appelle un point d'entrée dans une autre tâche, la seconde tâche accepte l'appel, mais une exception non gérée se produit pendant le rendez-vous.

Dans les deux premiers cas, l'exception prédéfinie TASKING_ERRØR est suscitée dans la tâche appelante. Dans le troisième cas, l'exception est aussi suscitée dans la tâche appelée.

Enfin, une tâche peut s'apercevoir qu'une autre tâche est erronée et que la communication par les moyens normaux (c'est-à-dire par les appels de points d'entrée) est devenue impossible. Dans une telle situation extrême et anormale, toute tâche peut susciter explicitement l'exception T'FAILURE pour la seconde tâche T.
Comme pour toute exception, un gérant de l'anomalie FAILURE dans la seconde tâche peut entreprendre l'action appropriée.

11

ÉLÉMENTS DÉPENDANT DE L'IMPLÉMENTATION

Un programme n'existe pas isolément. Il doit être traduit sous une forme appropriée pour son exécution par une machine, et exécuté sur une machine spécifique. Dans la plupart des cas, un langage de haut niveau permet de formuler un programme en des termes indépendants de la machine. Le principal bénéfice retiré de cette indépendance vis-à-vis de la machine est la portabilité. Cependant, il y a des situations dans lesquelles il est important de conserver un certain contrôle sur l'implémentation et de tirer parti de ses caractéristiques.

I — Représentations des données

Dans le Chapitre II, nous avons parlé de l'idée de base des types, selon laquelle les propriétés logiques des données sont définies. Quelques applications concernant les systèmes exigent de pouvoir décrire la disposition physique des données soit par compatibilité avec des dispositifs matériels spéciaux, soit par souci d'efficacité. Nous nous tournons donc vers l'idée des spécifications de représentation.

Les outils offerts par Ada pour spécifier la représentation s'appuie sur deux idées fondamentales :

1) Principe de séparation : Les données peuvent être spécifiées en deux étapes. L'on décrit d'abord les propriétés logiques en utilisant une définition de type. Puis l'on décrit toutes les propriétés particulières de la représentation par une spécification de représentation pour le type.

2) Un type, une représentation : Un type donné ne peut avoir qu'une seule représentation explicite.

Normalement, le programmeur n'a pas à se soucier de la représentation spécifique des données : cette représentation est déterminée par le compilateur.

Considérons la déclaration de type suivante, et la spécification de représentation adoptée :

```
type CØDE_ØP  is (ADD, SUB, MUL, LDA, STA, STZ) ;
for CØDE_ØP use  (ADD => 1, SUB => 2, MUL => 3, LDA => 8, STA => 24, STZ => 33) ;
```

En l'absence de spécifications de représentation, l'on ne peut faire aucune hypothèse sur la représentation choisie par le compilateur. Ici, cependant, les valeurs du type énuméré CØDE_ØP sont explicitement définies comme étant représentées par des valeurs entières.

Plus généralement, l'on peut utiliser une spécification de représentation pour spécifier la configuration binaire détaillée des données. Soit, par exemple, les déclarations suivantes :

```
MØT : constant INTEGER := 4 ; -- l'unité de mémoire est l'octet (4 octets par mot)
type ETAT is (A, M, W, P) ;
type MØDE is (FIX, DEC, EXP, SIGNIF) ;
type ETAT_MØT_PRØGRAMME is
     record
          MASQUE_SYSTEME     : array (0..7) if BØØLEAN ;
          CLE_PRØTECTION     : INTEGER range 0..3 ;
          ETAT_MACHINE       : array (ETAT) of BØØLEAN ;
          CAUSE_INTERRUPT    : CØDE_INTERRUPTIØN ;
          ILC                : INTEGER range 0..3 ;
          CC                 : INTEGER range 0..3 ;
          MASQUE_PRØGRAMME   : array (MØDE) of BØØLEAN ;
          ADR_INSTRUCTION    : ADRESSE ;
     end record ;
```

L'on peut donner une représentation spécifique aux objets de type ETAT_MØT_PRØGRAMME, comme suit :

```
for ETAT_MØT_PRØGRAMME use
    record
        MASQUE_SYSTEME      at 0 * MØT  range 0..7 ;
        CLE_PRØTECTIØN      at 0 * MØT  range 10..11 ;  -- monades 8 ,9 inutilisées
        ETAT_MACHINE        at 0 * MØT  range 12..15 ;
        CAUSE_INTERRUPT     at 0 * MØT  range 16..31 ;
        ILC                 at 1 * MØT  range 0..1 ;    -- deuxième mot
        CC                  at 1 * MØT  range 2..3 ;
        MASQUE_PRØGRAMME    at 1 * MØT  range 4..7 ;
        ADR_INSTRUCTION     at 1 * MØT  range 8..31 ;
    end record ;
```

Dans chacun des cas ci-dessus, la spécification de représentation des données est de la forme :

```
for nom-de-type use représentation ;
```

Pour les enregistrements, la représentation de chaque composante est de la forme :

```
nom-de-composante at adresse range 1ère monade .. dernière-monade ;
```

L'adresse de la composante est l'adresse relative (en unités de mémoire) par rapport au début de l'objet enregistrement ; les première et dernière monades définissent les positions binaires occupées par la composante dans l'unité de mémoire. Dans le cas ci-dessus, pour chaque objet de type ETAT_MØT_PRØGRAMME, les huit premières monades (monades 0 à 7 du mot 0) sont occupées par la composante MASQUE_SYSTEME, les monades 10 et 11 par la composante CLE_PRØTECTION, etc...

Il y a plusieurs autres formes de spécifications de représentation en Ada. Par exemple, l'on peut spécifier l'espace réservé à certains objets, ou l'adresse de rangement d'une variable. Chacune de ces formes illustre la même idée générale : le programmeur peut exercer un certain contrôle sur les caractéristiques de la machine sur laquelle un programme est exécuté.

II — Changement de représentation des données

C'est un problème classique en traitement des données que l'on veuille en changer la représentation. Par exemple, l'on peut avoir besoin de transférer des données rangées sur un périphérique donné vers un périphérique différent, ou bien l'on peut souhaiter transformer des données rangées sous forme condensée en une autre forme pour les traiter plus efficacement.

La solution au problème du changement de représentation est immédiate ; elle peut s'exprimer par une conversion de type explicite entre un premier type et un second type dérivé du premier, mais ayant des spécifications de représentation différentes.

Soit, par exemple :

```
type DESCRIPTEUR is
     record
          -- composantes d'un descripteur
     end record ;
type DESCRIPTEUR_CØNDENSE is new DESCRIPTEUR ;
for DESCRIPTEUR_CØNDENSE use
     record
          -- composantes du descripteur
     end record ;
```

Ici, DESCRIPTEUR et DESCRIPTEUR_CØNDENSE sont deux types différents munis de caractéristiques identiques, à l'exception de leur représentation. Le changement de représentation peut se réaliser par des conversions de type explicites. Ainsi, étant donné les déclarations :

```
D : DESCRIPTEUR ;
C : DESCRIPTEUR_CØNDENSE ;
```

l'on peut écrire

```
C := DESCRIPTEUR_CØNDENSE (D) ; -- compactage
D := DESCRIPTEUR (C) ;          -- dilatation
```

Ici, les conversions de type sont indiquées par des expressions de la forme :

type-dérivé (valeur)

Une telle conversion réalise un changement de représentation de la valeur en celle qui correspond au type dérivé.

III — Directives au compilateur

La création d'un programme implique une certaine communication avec le compilateur du langage. Par exemple, l'on peut vouloir énoncer que seules certaines parties d'une unité de programme doivent être listées, ou bien spécifier que le code correspondant à un sous-programme soit incorporé à l'endroit de l'appel. Ce type de problèmes se traite à l'aide de directives.

Une directive (pragma) est un ordre donné au compilateur. Comme il peut y avoir de nombreux compilateurs pour Ada, les directives disponibles varieront généralement d'une implémentation à l'autre. Certaines directives, par exemple la directive spécifiant qu'un sous-programme doit être recopié à l'endroit de l'appel, sont prédéfinies pour toutes les implémentations. Les exemples suivants illustrent l'emploi de directives prédéfinies dans le langage :

```
pragma LIST (ØFF) ;                -- arrêt du listage
pragma INCLUDE ("INFØ") ;          -- insertion du fichier texte INFØ
                                   -- à l'endroit où la directive apparaît
pragma MEMØRY_SIZE (60_000) ;      -- la mémoire requise est établie
                                   -- à 60.000 unités de mémoire
pragma  INLINE (MASQUER) ;         -- à chaque appel, recopier le corps du
                                   -- sous-programme MASQUER en ligne.
```

Une implémentation particulière peut aussi disposer de directives prédéfinies, par exemple :

```
pragma TRACE (X,Y);          -- engendre le code nécessaire au moniteur pour
                             -- modifier les variables X et Y

pragma PRØFIL (STØRAGE);     -- fournit un profil de la mémoire pour
                             -- le programme.
```

Dans tous les cas, le but est le même. Une directive permet au programmeur d'exercer un certain contrôle sur les caractéristiques du compilateur qui traite le programme.

IV — Renseignements sur l'environnement

Au chapitre II, en décrivant les données, nous avons étudié l'emploi des attributs prédéfinis d'un type. Plus généralement, un attribut est un mécanisme permettant d'obtenir une information connue du compilateur.

Tous les attributs sont de la forme :

```
nom' identificateur-d'-attribut
```

Le nom est celui d'une certaine entité du programme, l'identificateur est l'un des identificateurs d'attribut prédéfinis pour l'entité.

Il y a plusieurs grandes catégories d'emploi des attributs. L'un de ces emplois consiste à se référer à une information concernant un type, par exemple :

```
JØUR'FIRST              -- le premier élément du type JØUR
JØUR'SUCC               -- la fonction successeur pour le type JØUR
CØEFFICIENTS'DIGITS     -- le nombre de chiffres décimaux spécifié
                        -- pour le type en virgule flottante CØEFFICIENT
CØEFFICIENT'LARGE       -- la valeur maximale permise pour le
                        -- type CØEFFICIENT
INTEGER'SIZE            -- la taille interne des entiers en monades.
```

Une deuxième catégorie d'emplois concerne l'information générale connue de compilateur. Par exemple, si PSW est une variable de type ETAT_MØT_PRØGRAMME, l'on peut utiliser :

```
ETAT_MØT_PRØGRAMME'SIZE             -- le nombre de monades spécifié pour
                                    -- représenter les objets de type
                                    -- ETAT_MØT_PRØGRAMME

PSW'ADDRESS                         -- l'adresse en mémoire de la variable PSW

PSW.MASQUE_PRØGRAMME'FIRST_BIT      -- la première monade de la composante
                                    -- PSW.MASQUE_PRØGRAMME de
                                    -- l'enregistrement
```

Une troisième catégorie consiste à obtenir une information connue lors de l'exécution du programme. Par exemple, l'on peut utiliser :

```
DECODER'TERMINATED          -- vrai si la tâche DECØDER a pris fin
```

En plus des attributs définis dans le langage, chaque implémentation peut offrir d'autres attributs d'implémentation. Globalement, les attributs fournissent une méthode d'accès à une information qui dépend du programme et de l'implémentation.

12

RÉSUMÉ

Avec un langage aussi riche qu'Ada, l'on peut s'attendre à pouvoir écrire des programmes clairs et élégants. Tel est bien le cas.

Pour illustrer l'emploi d'Ada dans la solution de problèmes plus complexes, l'on envisage un programme de traitement de texte. Celui-ci est donné dans l'exemple 12.1. Ce programme lit des lignes de texte, dispose le texte de façon à remplir chaque ligne convenablement, et imprime le texte résultant.

Par exemple, avec le texte source :

```
Le langage est une création de la
pratique. Remarquons
d'abord que toute communication entre
les hommes n'a quelque
certitude que dans la pratique,
et par la vérification
que nous donne la
pratique. P. VALERY.
```

Le programme imprime :

```
    Le langage est une création de la pratique . Remarquons
d'abord que toute communication entre les hommes n'a quelque
certitude que dans la pratique  , et par la vérification que
nous donne la pratique.

                         P. VALERY.
```

Outre le fait qu'il réarrange le texte, le programme permet à l'utilisateur d'insérer dans le texte certaines commandes permettant de diriger l'aspect final. Par exemple, une commande telle que :

```
: INDENT 10
```

permettra d'indenter les lignes suivantes de dix positions. Puis, si l'on veut revenir à la marge gauche, la commande :

```
: INDENT  0
```

suffira. D'autres commandes permettront d'imprimer des lignes telles quelles, de centrer une ou plusieurs lignes, d'insérer des lignes blanches, ou de commencer une nouvelle page. Les pages en sortie seront numérotées en séquence. Une description plus complète du programme est donnée dans le programme lui-même.

Le trait dominant du programme est sans doute l'emploi des logiciels. La structure générale du programme peut se représenter comme suit :

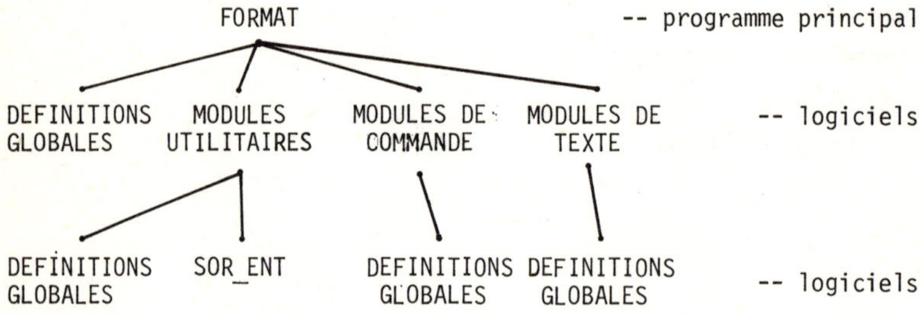

Nous voyons ici un programme principal simple, FORMAT, qui utilise quatre logiciels :

. DEFINITIONS_GLOBALES : ce logiciel est une simple collection de constantes et de types utilisés d'un bout à l'autre du programme.

. UTILITAIRES : ce logiciel contient un certain nombre de sous-programmes d'usage général, principalement pour l'entrée et la sortie.

. COMMANDE_SSP : ce logiciel contient seulement un sous-programme visible, qui traite les lignes de commande.

. TEXTE_SSP : ce logiciel définit deux sous-programmes visibles, l'un pour traiter les lignes initiales des paragraphes, l'autre pour imprimer les lignes telles quelles.

Le logiciel UTILITAIRES , à son tour, utilise le logiciel SØR_ENT défini dans la présente introduction. Le programme principal, les spécifications de logiciel et les corps de logiciel peuvent être compilés séparément ; ceci est indiqué par des lignes de tirets entre les unités de compilation.

Le logiciel COMMANDES mérite une mention particulière. S'il ne contient qu'un seul sous-programme visible, il utilise de façon interne un certain nombre de sous-programmes définis localement. Ces sous-programmes sont hiérarchisés sous la forme d'un arbre de façon analogue à ce que l'on trouve dans d'autres langages de programmation.

L'organisation Ada, par les logiciels, forme un contraste considérable vis-à-vis des langages où les sous-programmes sont la principale unité d'organisation. Ceci fait ressortir un point capital dans l'utilisation d'Ada. Le langage Ada constitue, partiellement, un nouvel outil de conception des programmes. Comme tout outil de conception, le langage peut avoir un effet d'une grande portée sur notre façon d'envisager la programmation.

```
-- Titre du programme : FØRMAT
--
--
-- * * But du programme :
--      Ce programme lit un fichier texte et le met en page selon des conventions
--      données ci-dessous. Le fichier contient des lignes de texte et des lignes
--      de commande. Chaque ligne de commande commence par le signe deux points, qui
--      doit être suivi par un nom de commande valide.
--
--
-- * * Fichiers d'entrée et de sortie :
--      SØURCE : fichier contenant les lignes de texte et de commande.
--      SØRTIE : le texte mis en forme.
--
--
-- * * Conventions générales de mise en page :
--      Taille des pages : page normalisée 21 x 27, 85 caractères par ligne,
--      66 lignes par page.
--
--      Marges :
--      gauche : 15 caractères à partir du bord gauche de la feuille
--      droite : 10    "          "         "   droit      "
--      en haut : 6 lignes à partir du sommet de la feuille
--      en bas  : 6  "         "        bas          "
--
--      Zone d'impression : espacement normalisé 10,
--      60 caractères par lignes, 54 lignes par page
--
--      Numéros des pages : 3 lignes au-dessous de la marge du bas, centrés entre les
--      marges gauche et droite, et entourés par des tirets, comme suit :
--
--                               - 14 -
```

Exemple 12.1. : Un programme ADA pour mettre en page un texte.

```
-- ** Commandes :
--     : PARAGRAPHE    Indique le début d'un paragraphe. Toutes les lignes de texte
--                     qui suivent jusqu'à la prochaine ligne de commande sont trai-
--                     tées comme une séquence de mots sans changement de ligne. Les
--                     mots sont imprimés avec insertion de marques de fin de ligne
--                     de façon que chaque ligne apparaisse avec un blanc entre deux
--                     mots successifs. La première ligne d'un paragraphe est inden-
--                     tée de 5 espaces. La marge droite est respectée strictement.
--
--                     Si le paragraphe est suivi par une ligne blanche ou bien une
--                     ou plusieurs commandes (sauf la commande d'impression textuelle),
--                     alors la prochaine ligne de texte sera considérée comme marquant
--                     le début d'un nouveau paragraphe.
--
--     : TEXTØ         Marque le début d'une série delignes devant être imprimées telles
--                     quelles, sauf à être indentées. Toutes les lignes (sauf les
--                     lignes de commandes) entre la commande : TEXTØ et la prochaine
--                     commande : PARAGRAPHE (ou la fin des données) sont traitées
--                     comme un texte à imprimer textuellement.
--
--     : INDENT n      Permet d'indenter toutes leslignes de texte qui suivent de n
--                     positions à partir de la marge gauche (0 ≤ n < 60).
--
--     : CENTRE n      Permet de centrer les n lignes de texte qui suivent (n > 0)
--                     entre les marges gauche  et droite. Si n est omis, alors seule
--                     la ligne de texte suivante sera centrée.
--
--     : SAUT n        Permet d'imprimer n lignes vides (n > 0). Si n est omis, alors
--                     une seule ligne blanche est imprimée. Remarquer qu'une ligne
--                     de texte vide est traitée exactement comme une ligne de commande
--                     ":SAUT 1".
--
--     : PAGE          Permet d'imprimer la prochaine ligne en tête d'une nouvelle
--                     page. Ce qui est aussi automatiquement réalisé à chaque fois
--                     qu'une page est remplie.
```

Exemple 12.1. (suite)

```
-- * *  Exemple de données :
--
--   : CENTRE 2
--   CECI EST UN TITRE
--   ---- --- -- -----
--
--   : PARAGRAPHE
--   Le texte d'un paragraphe est réparti
--   sur les lignes de façon à former
--   des lignes d'au plus 60 caractères.
--
--   : INDENT 10
--   Une ou plusieurs lignes peuvent être indentées à partir de la marge gauche
--   par une commande d'indentation.
--
--   : INDENT 0
--   L'on peut aussi indiquer qu'il faut imprimer des lignes
--   textuellement, comme dans le bref extrait de table suivant :
--
--   : TEXTØ
--
--                 ARTICLE              QUANTITE
--                    1                    18
--                    2                     6
--                    3                    11
--
--
--
--
-- * * Sortie correspondante :
--
```

```
--                          CECI EST UN TITRE
                            ---- --- -- -----
--
--
--       Le texte d'un paragraphe est réparti sur les lignes de
-- façon  à former des lignes d'au plus 60 caractères.
--
--                 Une ou plusieurs lignes peuvent être
--             indentées à partir de la marge gauche par une
--             commande d'indentation.
--
--       L'on peut aussi indiquer qu'il faut imprimer des lignes
-- textuellement,  comme dans le bref extrait de table suivant :
--
--       ARTICLE      QUANTITE
--
--          1            18
--          2             6
--          3            11
```

Exemple 12.1. (suite)

```
-- * * Conditions d'erreur :
--     1. Une ligne de données commence par "deux points" non suivis d'une commande
--        valide.
--
--        Réponse : La ligne est imprimée textuellement avec cinq astérisques dans la
--        marge gauche pour attirer l'attention sur le problème.
--
--     2. L'argument fourni dans une commande d'indentation n'est pas numérique
--        ou bien est trop grand (>60) ; l'argument fourni dans une commande de
--        centrage ou d'espacement n'est pas numérique ou bien est trop grand ( > 99).
--
--        Réponse : comme ci-dessus.
--
--     3. L'une des lignes à centrer grâce à une commande de centrage est une ligne de
--        commande.
--        Réponse : La ligne est imprimée centrée, mais cinq astérisques apparaissent
--        dans la marge gauche pour attirer l'attention sur le problème.
--
--     4. Une ligne à imprimer s'étend au-delà de la marge droite. Ce peut être une
--        ligne trop longue à imprimer textuellement, ou un mot trop long dans une
--        ligne d'un paragraphe (par exemple, si l'indentation courante est de 40
--        caractères, et qu'un mot ne tienne pas dans les 20 caractères restants).
--
--        Réponse : La ligne est imprimée jusqu'au bord de la page, mais pas au-delà.
--        Cinq astérisques sont placées dans la marge gauche pour attirer l'attention
--        sur le problème.
```

Exemple 12.1. (suite)

```
with DEFINITIONS_GLØBALES, UTILITAIRES, CØMMANDE_SSP, TEXTE_SSP ;
procedure FØRMAT is
      use DEFINITIONS_GLØBALES, UTILITAIRES, CØMMANDE_SSP, TEXTE_SSP ;
      -- Ceci est le programme principal. Il sert à
      -- déterminer le type de traitement à associer au prochain
      -- groupe de lignes de données.
      MØDE_TEXTE : MØDE ;
      INDENTATIØN : INTERV_INDENT ;
begin  -- Programme principal
      MØDE_TEXTE := MØDE_PARAGRAPHE ;
      INDENTATIØN := 0  ;
      while AUTRES_DØNNEES (SØURCE) loop
        if CAR_SUIV = CAR_CØMMANDE then
           EXEC_CØMMANDE (MØDE_TEXTE, INDENTATIØN) ;
        else
           case MØDE_TEXTE is
                when MØDE_PARAGRAPHE => EXEC_PARAGRAPHE (INDENTATIØN) ;
                when MØDE_TEXTØ      => EXEC_TEXTØ (INDENTATIØN) ;
           end case ;
        end if ;
     end loop ;
     FIN_PAGE ;
end ;
```

Exemple 12.1. (suite)

```
----------------------------
package DEFINITIØNS_GLØBALES is
  -- Ce logiciel définit des constantes et des types qui seront
  -- utilisés dans le programme principal et les autres logiciels.

TAILLE_PAGE        : constant INTEGER := 66 ;
                     -- Nombre de lignes depuis le bord supérieur jusqu'au bas de la page.

LIGNES_PAR_PAGE    : constant INTEGER := 54 ;
                     -- Nombre de lignes depuis la marge supérieure jusqu'à la marge
                     -- inférieure.

MARGE_GAUCHE       : constant INTEGER := 15 ;
                     -- Nombre de colonnes entre le bord gauche de la page et la marge
                     -- gauche.

MARGE_DRØITE       : constant INTEGER := 60 ;
                     -- Nombre de colonnes entre les marges gauche et droite.

LIGNE_MAXI         : constant INTEGER := 70 ;
                     -- Nombre maximal de caractères par ligne, depuis la marge
                     -- gauche jusqu'au bord droit de la page.

CAR_CØMMANDE       : constant CHARACTER := ':' ;

BLANC              : constant CHARACTER := ' ' ;

MARGE_NØRMALE      : constant STRING := (1..15 => BLANC) ;

MARGE_ERREUR       : constant STRING := (1..5 => '*', 6..15 => BLANC) ;

type MØDE       is  (MODE_PARAGRAPHE, MØDE_TEXTØ ) ;
type NØM_CØMMANDE is (PARAGRAPHE, TEXTØ, INDENT, CENTRE, SAUT, PAGE, INVALIDE) ;
subtype INTERV_INDENT  is INTEGER range 0.. MARGE_DRØITE ;
subtype INTERV_ARG     is INTEGER range 0..99 ;
subtype NØ_CØLØNNE     is INTEGER range 0..LIGNE_MAXI ;
type INFØ_LIGNE        is
      record
          LØNG : INTEGER range 0..LIGNE_MAXI ;
          IMAGE : STRING(1..LIGNE_MAXI ) ;
      end ;
```

```
type INFØ_CØMMANDE is
      record
          NØM : NØM_CØMMANDE ;
          ARGUMENT : INTERV_ARG ;
          LIGNE : INFØ_LIGNE ;
      end ;
end ;
```

Exemple 12.1. (suite)

```
------------------------------

with DEFINITIØN_GLOBALES, SØR_ENT ;
package UTILITAIRES is
    use DEFINITIØNS_GLØBALES, SØR_ENT ;
    -- Ce logiciel définit les fichiers en entrée et en sortie, le prochain caractère à
    -- lire sur les lignes de données, et un certain nombre de fonctions et de procé-
    -- dures pour l'entrée et la sortie du texte.
    SØURCE : IN_FILE ;
    SØRTIE : ØUT_FILE ;
    CAR_SUIV : CHARACTER ;
    function AUTRES_DØNNEES (F : IN_FILE) return BØØLEAN ;
    function NØN_FDL        (F : IN_FILE ) return BØØLEAN ;
    function CHIFFRE (CARAC : CHARACTER) return INTEGER ;
    procedure LIRE_CAR (CARAC : out CHARACTER) ;
    procedure LIRE_LIGNE (LIGNE : out INFØ_LIGNE) ;
    procedure FIN_LIGNE ;
    procedure IMP_MARGE (MARGE : STRING) ;
    procedure IMP_TEXTE (LIGNE : INFØ_LIGNE) ;
    procedure INDENTER (NB_ESPACES : INTEGER) ;
    procedure DEBUT_LIGNE ;
    procedure FIN_PAGE ;
end ;
------------------------------
with DEFINITIØNS_GLØBALES ;
package CØMMANDE_SSP is
    use DEFINITIØNS_GLØBALES ;
    -- Ce logiciel définit la procédure permettant de gérer les lignes de commande.
    procedure EXEC_CØMMANDE (MØDE_TEXTE : out MØDE ;
                             INDENTATIØN : out INTERV_INDENT) ;
end ;
------------------------------
with DEFINITIØNS_GLØBALES ;
package TEXTE_SSP is
    use DEFINITIØNS_GLØBALES ;
    -- Ce logiciel définit les procédures permettant de gérer les lignes en mode  textuel
    -- ou paragraphe.
    procedure EXEC_TEXTØ (INDENTATIØN : INTERV_INDENT) ;
    procedure EXEC_PARAGRAPHE (INDENTATIØN : INTERV_INDENT) ;
end ;
```

Exemple 12.1. : (suite).

```
-----------------------

with DEFINITIØNS_GLØBALES, SØR_ENT ;
package body UTILITAIRES is
      use DEFINITIØNS_GLØBALES, SØR_ENT ;
      NØ_PAGE  : INTEGER ;
      NØ_LIGNE : INTEGER range 1..TAILLE_PAGE ;
      CAR_NUL  : constant CHARACTER := ASCII . NUL ;
function AUTRES_DØNNEES(F : IN_FILE) return BØØLEAN is
  -- Cette fonction permet de savoir s'il reste des caractères à lire sur le fichier
  -- d'entrée.
begin
     return not END_ØF_FILE(F) ;
end ;
function NØN_FDL (F : IN_FILE ) return BØØLEAN is
  -- Cette fonction permet de savoir s'il reste des caractères à traiter sur la ligne
  -- en cours de lecture.
begin
     return not END_OF_LINE(F) ;
end ;
function CHIFFRE (CARAC : CHARACTER) return INTEGER is
  -- Cette fonction calcule la valeur numérique d'un caractère.
begin
     return CHARACTER'PØS(CARAC) - CHARACTER'PØS('0') ;
end ;
```

Exemple 12.1. (suite)

```
procedure LIRE_CAR (CARAC : out CHARACTER) is
  -- Cette procédure renvoie le caractère courant sur le fichier d'entrée, et garde
  -- un oeil sur le caractère suivant.
begin
     CARAC := CAR_SUIV ;
     if AUTRES_DØNNEES (SØURCE) then
        if NØN_FDL (SØURCE) then
           GET (CAR_SUIV) ;
        else
           CAR_SUIV := CAR_NUL ;
        end if ;
     end if ;
end ;
procedure LIRE_LIGNE (LIGNE : out INFØ_LIGNE) is
  -- Cette procédure lit la première ligne de données disponible, et supprime tous
  -- les blancs finaux.
  BLANC_FINAL : BØØLEAN ;
begin
  LIGNE . LØNG := 0 ;
  while (LIGNE . LØNG < LIGNE_MAXI) and NØN_FDL(SØURCE) loop
       LIGNE . LØNG := LIGNE . LØNG + 1 ;
       LIRE_CAR (LIGNE . IMAGE (LIGNE . LØNG)) ;
  end loop ;
  FIN_LIGNE ;
  BLANC_FINAL := TRUE ;
  while BLANC_FINAL and LIGNE . LØNG  /= 0 loop
     if LIGNE . IMAGE (LIGNE . LØNG) /= BLANC then
        BLANC_FINAL := FALSE ;
     else
        LIGNE . LØNG := LIGNE . LØNG - 1 ;
  end loop ;
end ;
```

Exemple 12.1. (suite)

```
procedure FIN_LIGNE is
  -- Cette procédure permet de sauter tout caractère en surplus sur une ligne.
begin
      SKIP_LINE ;
      LIRE_CAR (CAR_SUIV) ;
end ;
procedure IMP_MARGE (MARGE : STRING) is
  -- Cette procédure imprime la marge d'une ligne en sortie.
begin
      PUT (MARGE) ;
end ;
procedure IMP_TEXTE (LIGNE : INFØ_LIGNE ) is
 -- Cette procédure imprime le texte d'une ligne en sortie.
begin
      PUT (LIGNE . IMAGE (1.. LIGNE . LØNG )) ;
end ;
procedure INDENTER (NB_ESPACES : INTERV_INDENT ) is
  -- Cette procédure gère l'indentation donnée.
begin
      SET_CØL (MARGE_GAUCHE + NB_ESPACES + 1) ;
end ;
procedure DEBUT_LIGNE is
  -- Cette procédure permet de se placer en tête d'une nouvelle ligne en sortie.
begin
      if NØ_LIGNE = LIGNES_PAR_PAGE then
         FIN_PAGE ;
      else
         NEW_LINE ;
         NØ_LIGNE := NØ_LIGNE + 1 ;
      end if ;
end ;
procedure FIN_PAGE is
  -- Cette procédure complète le texte d'une page en sortie et imprime le numéro de page.
         CØL_NØ_PAGE   :  constant INTEGER := 28 ;
         LIGNE_NØ_PAGE :  constant INTEGER := 57 ;
         NB_LIGNES_BLANCHES : 1..TAILLE_PAGE ;
begin
         NB_LIGNES_BLANCHES := NB_LIGNE_PAGE - NØ_LIGNE ;
         NEW_LINE (NB_LIGNES_BLANCHES) ;
```

```
        SET_CØL (CØL_NØ_PAGE) ;
        PUT ("-") ; PUT (NØ_PAGE)  ; PUT (" - ") ;

        NB_LIGNES_BLANCHES := (TAILLE_PAGE - LIGNE_NØ_PAGE) + 1 ;
        NEW_LINE (NB_LIGNES_BLANCHES ) ;

        NØ_LIGNE := 1 ;
        NØ_PAGE := NØ_PAGE + 1 ;
end ;

begin -- initialisations relatives à UTILITAIRES
        SET_INPUT (SØURCE) ;
        SET_ØUTPUT (SØRTIE) ;
        NØ_LIGNE := 1 ;
        NØ_PAGE := 1 ;
        CAR_SUIV := CAR_NUL ;
        GET (CAR_SUIV) ;
end ;
```

```
--------------------

with DEFINITIØNS_GLØBALES, UTILITAIRES ;
package body CØMMANDE_SSP is
      use DEFINITIØNS_GLØBALES, UTILITAIRES ;

      procedure CENTRER ;
      procedure EXAMEN_LIGNE (CØMMANDE : out INFØ_CØMMANDE) ;
      procedure LIRE_ARGUMENT (LIGNE : INFØ_LIGNE ;
                               CØLØNNE : NØ_CØLØNNE ;
                               NØM : in out NØM_CØMMANDE ;
                               ARGUMENT : out INTERV_ARG) ;

      procedure LIRE_CØMMANDE (LIGNE : INFØ_LIGNE ;
                               NØM : out NØM_CØMMANDE ;
                               CØLØNNE : out NØ_CØLØNNE) ;

      procedure EXEC_CØMMANDE (MØDE_TEXTE : out MØDE ;
                               INDENTATIØN : out INTERV_INDENT) is

      -- Cette procédure gère une séquence de lignes de commande.

      CØMMANDE_SUIV : INFØ_CØMMANDE ;
begin
      while CAR_SUIV = CAR_CØMMANDE and AUTRES_DØNNEES (SOURCE) loop
            EXAMEN_LIGNE (CØMMANDE_SUIV) ;
            case CØMMANDE_SUIV . NØM is
               when PARAGRAPHE ⇒ MØDE_TEXTE := MØDE_PARAGRAPHE ;
               when TEXTØ      ⇒ MØDE_TEXTE := MØDE_TEXTØ ;
               when INDENT     ⇒ for CTR_LIGNE := 1 to CØMMANDE_SUIV . ARGUMENT loop
                                     CENTRER ;
                                 end loop ;
               when SAUT       ⇒ for CTR_LIGNE := 1 to CØMMANDE_SUIV . ARGUMENT loop
                                     DEBUT_LIGNE ;
                                 end loop ;
               when PAGE       ⇒ FIN_PAGE ;
               when INVALIDE   ⇒ IMP_MARGE (MARGE_ERREUR) ;
                                 IMP_TEXTE (COMMANDE_SUIV . LIGNE) ;
                                 DEBUT_LIGNE ;
            end case ;
        end loop ;
end ;
```

Exemple 12.1. (suite)

```
procedure EXAMEN_LIGNE (CØMMANDE : out INFØ_CØMMANDE) is
  -- Cette procédure examine une ligne de commande et contrôle la validité
  -- de ses éventuels arguments.
      LIGNE : INFØ_LIGNE  ;
      NØM   : NØM_CØMMANDE ;
      ARGUMENT : INTERV_ARG ;
      FIN_CØMMANDE : NØ_CØLØNNE ;
begin
      LIRE_LIGNE (LIGNE) ;
      LIRE_CØMMANDE (LIGNE, NØM, FIN_CØMMANDE) ;
      if (NØM = PARAGRAPHE or NØM = TEXTØ or NØM = PAGE)
         and LIGNE . LØNG /= FIN_CØMMANDE then
         NØM := INVALIDE ;
      end if ;
      if NØM = INDENT or NØM = CENTRE or NØM = SAUT then
         LIRE_ARGUMENT (LIGNE, FIN_CØMMANDE, NØM, ARGUMENT);
         if NØM = INDENT and ARGUMENT > MARGE_DRØITE then
            NØM : INVALIDE ;
         elsif NØM /= INVALIDE then
            CØMMANDE . ARGUMENT := ARGUMENT ;
         end if ;
      end if ;
      CØMMANDE . LIGNE := LIGNE ;
      CØMMANDE . NØM := NØM ;
end ;
```

Exemple 12.1. : (suite).

```
procedure CENTRER is
  -- Cette procédure gère une ligne de données à centrer, et imprime une marge
  -- de type "erreur" si la ligne est trop longue ou est une commande.
      LIGNE : INFØ_LIGNE ;
      BLANCS_DETETE  : INTEGER ;
      CARAC  : CHARACTER ;
      LIGNE_CØMMANDE : BØØLEAN ;
begin
      if AUTRES_DØNNEES (SØURCE) then
         LIGNE_CØMMANDE := CAR_SUIV = CAR_CØMMANDE ;
         while CAR_SUIV = BLANC and AUTRES_DØNNEES (SØURCE) loop
               LIRE_CAR (CARAC) ;
         end loop ;
         LIRE_LIGNE (LIGNE) ;
         if LIGNE . LØNG > 0 then
            if LIGNE . LØNG < MARGE_DRØITE then
               BLANCS_DETETE := (MARGE_DRØITE - LIGNE . LØNG) /2 ;
            else
               BLANCS_DETETE := 0 ;
            end if ;
            if LIGNE_CØMMANDE or (LIGNE . LØNG > MARGE_DRØITE) then
               IMP_MARGE (MARGE_ERREUR) ;
            else
               IMP_MARGE (MARGE_NØRMALE) ;
            end if ;
               INDENTER (BLANCS_DETETE) ;
               IMP_TEXTE (LIGNE) ;
         end if ;
         DEBUT_LIGNE ;
      end if ;
end ;
```

Exemple 12.1. (suite)

```
procedure LIRE_ARGUMENT (LIGNE : INFØ_LIGNE ;
                         FIN_CØMMANDE : NØ_CØLØNNE ;
                         NØM          : in out NØM_CØMMANDE ;
                         ARGUMENT     : out INTERV_ARG) is

  -- Cette procédure fournit la valeur d'un argument donné dans une ligne de
  -- commande. Tout argument invalide se traduit par le retour d'une commande invalide.

  CØLØNNE : NØ_CØLØNNE ;
  CARAC   : CHARACTER ;
begin
  if FIN_CØMMANDE = LIGNE . LØNG then
     if NØM = CENTRE or NØM = SAUT then
        ARGUMENT := 1 ;
     else
        NØM := INVALIDE ;
     end if ,
  else
     CØLØNNE := FIN_CØMMANDE + 1 ;
     while LIGNE . IMAGE (CØLØNNE) = BLANC loop
           CØLØNNE := CØLØNNE + 1 ;
     end loop ;
     CARAC := LIGNE . IMAGE (CØLØNNE) ;
     if CARAC not in '0'..'9' then
        NØM := INVALIDE ;
     else
        ARGUMENT := CHIFFRE (CARAC) ;
        if CØLØNNE /= LIGNE . LØNG then
           CØLØNNE := CØLØNNE + 1 ;
           CARAC := LIGNE . IMAGE (CØLØNNE) ;
           if (CØLØNNE /= LIGNE . LØNG) or CARAC not in '0'..'9' then
              NØM := INVALIDE ;
           else
              ARGUMENT :=ARGUMENT * 10 + CHIFFRE (CARAC) ;
           end if ;
        end if ;
     end if ;
  end if ;
end ;
```

Exemple 12.1. (suite)

```
procedure LIRE_CØMMANDE (LIGNE        : INFØ_LIGNE ;
                         NØM          : out NØM_CØMMANDE ;
                         FIN_CØMMANDE : out NØ_CØLØNNE) is
  -- Cette procédure analyse une ligne de commande et détermine la nature de la commande.
MAX_LØNG_CØMMANDE : constant INTEGER := 11 ;
CHAINE_CØMMANDE   : STRING (1..MAX_LØNG_CØMMANDE) :
ARRET             : BØØLEAN ;
begin
ARRET := FALSE ;
FIN_CØMMANDE := 0 ;
for CØLØNNE := 1 TØ 11 loop
    if (CØLØNNE > LIGNE . LØNG) or ARRET then
       CHAINE_CØMMANDE (CØLØNNE) := BLANC ;
    elsif LIGNE . IMAGE (CØLØNNE) = BLANC then
          CHAINE_CØMMANDE (CØLØNNE) := BLANC ;
          TRØUVE                    := TRUE ;
    else
          CHAINE_CØMMANDE (CØLØNNE) := LIGNE . IMAGE (CØLØNNE) ;
          FIN_CØMMANDE := FIN_CØMMANDE + 1 ;
    end if ;
end loop ;
if CHAINE_CØMMANDE = ":PARAGRAPHE" then
   NOM := PARAGRAPHE ;
elsif CHAINE_CØMMANDE = ":TEXTØ     " then
      NØM := TEXTØ ;
elsif CHAINE_CØMMANDE = ":INDENT    " then
      NØM := INDENT ;
elsif CHAINE_CØMMANDE = ":CENTRE    " then
      NØM := CENTRE ;
elsif CHAINE_CØMMANDE = ":SAUT     " then
      NØM := SAUT ;
elsif CHAINE_CØMMANDE = ":PAGE     " then
      NØM := PAGE ;
else
      NØM := INVALIDE ;
end if ;
end ;
end ; -- du corps de logiciel CØMMANDE_SSP
```

Exemple 12.1. (suite)

```
---------------------

with DEFINITIØNS_GLØBALES, UTILITAIRES ;
package body TEXTE_SSP is
      use DEFINITIONS_GLØBALES, UTILITAIRES ;
      procedure LIRE_MØT (MØT : out INFØ_LIGNE) ;
      procedure IMP_MØT(MØT : INFØ_LIGNE ;
                        INDENTATIØN : INTERV_INDENT ;
                        CØLØNNE     : out NØ_CØLØNNE) ;
      procedure EXEC_TEXTØ (INDENTATIØN : INTERV_INDENT) is
      -- Cette procédure s'occupe d'une ou plusieurs lignes à imprimer textuellement.
      LIGNE : INFØ_LIGNE ;
      NØUV_LØNG : INTEGER ;
      begin
         while CAR_SUIV /= CAR_CØMMANDE and AUTRES_DØNNEES (SØURCE) loop
               LIRE_LIGNE (LIGNE) ;
               if LIGNE . LØNG > 0 then
                  NOUV_LØNG := LIGNE . LØNG + INDENTATION ;
                  if NØUV_LØNG > MARGE_DRØITE then
                     IMP_MARGE (MARGE_ERREUR) ;
                  else
                     IMP_MARGE (MARGE_NØRMALE) ;
                  end if ;
                  INDENTER (INDENTATIØN) ;
                  if NØUV_LØNG > LIGNE_MAXI then
                     LIGNE . LØNG := LIGNE . LØNG - (NØUV_LØNG - LIGNE_MAXI)
                  end if ;
                  IMP_TEXTE (LIGNE) ;
               end if ;
               DEBUT_LIGNE ;
         end loop ;
end ;
```

Exemple 12.1. (suite)

```
procedure EXEC_PARAGRAPHE (INDENTATIØN : INTERV_INDENT) is

   -- Cette procédure gère une ou plusieurs lignes d'un paragraphe, prenant en compte
   -- les nouveaux paragraphes et supprimant les espacements redondants entre les mots.

   INDENT_PARAGRAPHE : constant INTEGER := 5 ;
   MØT               : INFØ_LIGNE ;
   CØLØNNE, NØUV_INDENT : NØ_CØLØNNE ;
   NØUV_PARAGRAPHE : BØØLEAN ;
begin
   CØLØNNE := INDENTATIØN ;
   NØUV_PARAGRAPHE := TRUE ;
   while CAR_SUIV /= CAR_CØMMANDE and AUTRES_DØNNEES (SØURCE) loop
         LIRE_MØT (MØT) ;
         if MØT . LØNG = 0 then  -- la ligne est blanche
            if CØLØNNE /= INDENTATIØN then  -- fermer la ligne précédente
               NEW_LINE ;
               CØLØNNE = INDENTATIØN ;
            end if ;
            NØUV_PARAGRAPHE := TRUE ;
            DEBUT_LIGNE ;
         else
            while MØT . LØNG /= 0 loop
               if NØUV_PARAGRAPHE then
                  CØLØNNE := CØLØNNE + INDENT_PARAGRAPHE ;
                  NØUV_INDENT := INDENTATIØN + INDENT_PARAGRAPHE ;
                  IMP_MØT (MØT, NØUV_INDENT, CØLØNNE) ;
                  NØUV_PARAGRAPHE := FALSE ;
               else
                  IMP_MØT (MØT, INDENTATIØN, CØLØNNE) ;
               end if ;
               LIRE_MØT (MØT) ;
            end loop ;
         end if ;
         FIN_LIGNE ;
   end loop ;
   if CØLØNNE /= INDENTATIØN then
      DEBUT_LIGNE ;
end ;
```

Exemple 12.1. (suite)

```
procedure LIRE_MØT(MØT : out INFØ_LIGNE) is

   -- Cette procédure lit le mot suivant d'un paragraphe.

   CAR_BLANC : CHARACTER ;
begin
   while (CAR_SUIV = BLANC) and AUTRES_DØNNEES (SØURCE) loop
         LIRE_CAR (CAR_BLANC) ;
   end loop ;
   MØT . LØNG := 0 ;
   while (CAR_SUIV /= BLANC)and AUTRES_DØNNEES (SØURCE) loop
         if MØT . LØNG < LIGNE_MAXI then
            MØT . LØNG := MØT . LØNG + 1 ;
            LIRE_CAR (MØT . IMAGE (MØT_LØNG)) ;
         end if ;
   end loop ;
end ;
```

Exemple 12.1. (suite)

```
procedure IMP_MØT (MØT : INFØ_LIGNE  ;
                   INDENTATIØN : INTERV_INDENT ;
                   CØLØNNE : in out NØ_CØLØNNE)  is

  -- Cette procédure imprime le mot suivant d'un paragraphe, en essayant de remplir
  -- chaque ligne au maximum.

      MØT_INITIAL : BØØLEAN ;
      FIN_DU_MØT : INTEGER ;

begin
      if CØLØNNE = INDENTATION then
         MØT_INITIAL := TRUE ;
         FIN_DU_MØT := CØLØNNE + MØT_LØNG ;
      else
         MØT_INITIAL := FALSE ;
         FIN_DU_MØT := CØLØNNE + MØT . LØNG + 1 ;
      end if ;
      if not MØT_INITIAL and (FIN_DU_MØT > MARGE_DRØITE) then
         -- le mot ne tient pas sur la ligne courante .
         DEBUT_LIGNE  ;
         CØLØNNE := INDENTATIØN ;
         MØT_INITIAL := TRUE ;
         FIN_DU_MØT := INDENTATIØN + MØT . LØNG ;
      end if ;
      if FIN_DU_MØT > LIGNE_MAXI then
         -- le mot est le premier de la ligne, et cependant ne tient pas dedans.
         MØT.LØNG := MØT . LØNG - (FIN_DU_MØT - LIGNE_MAXI) ;
         IMP_MARGE (MARGE_ERREUR) ;
         INDENTER (INDENTATIØN) ;
         IMP_TEXTE (MØT) ;
         DEBUT_LIGNE ;
       else
         if MØT_INITIAL then
            IMP_MARGE (MARGE_NØRMALE) ;
            INDENTER (INDENTATION) ;
         else
            IMP_TEXTE ((1,"^")) ;
         end if ;
```

```
         IMP_TEXTE (MØT) ;
         CØLØNNE := FIN_DU_MØT ;
      end if ;
   end ;
end ;  -- du corps de logiciel TEXTE_SSP
```

Exemple 12.1. : (suite et fin).

INDEX

Dans cet index, les mots-clefs ADA (mots réservés et identificateurs prédéfinis) ont été écrits en lettres majuscules (NdT).

IMPRIMERIE CORLET
14110 Condé-sur-Noireau

Dépôt légal : mars 1982
N° d'Imprimeur : 121